# PARA UMA EPISTEMOLOGIA DA EDUCAÇÃO ESCOLAR
CAMINHOS DE UMA ATITUDE ETNOGRÁFICA

Editora Appris Ltda.
1.ª Edição - Copyright© 2024 da autora
Direitos de Edição Reservados à Editora Appris Ltda.

Nenhuma parte desta obra poderá ser utilizada indevidamente, sem estar de acordo com a Lei nº
9.610/98. Se incorreções forem encontradas, serão de exclusiva responsabilidade de seus organizadores. Foi realizado o Depósito Legal na Fundação Biblioteca Nacional, de acordo com as Leis nos
10.994, de 14/12/2004, e 12.192, de 14/01/2010.

Catalogação na Fonte
Elaborado por: Josefina A. S. Guedes
Bibliotecária CRB 9/870

| | |
|---|---|
| F156p<br>2024 | Fagundes, Tatiana Bezerra<br>Para uma epistemologia da educação escolar / Tatiana Bezerra Fagundes.<br>– 1. ed. – Curitiba: Appris, 2024.<br>130 p. ; 23 cm. – (Educação, tecnologias e transdisciplinaridade).<br><br>Inclui referências.<br>ISBN 978-65-250-5533-6<br><br>1. Conhecimento e aprendizagem. 2. Educação. 3. Escola. 4. Ensino<br>I. Título. II. Série.<br><br>CDD – 370.1 |

Livro de acordo com a normalização técnica da ABNT

*Appris*
*editora*

Editora e Livraria Appris Ltda.
Av. Manoel Ribas, 2265 – Mercês
Curitiba/PR – CEP: 80810-002
Tel. (41) 3156 - 4731
www.editoraappris.com.br

Printed in Brazil
Impresso no Brasil

Tatiana Bezerra Fagundes

# PARA UMA EPISTEMOLOGIA DA EDUCAÇÃO ESCOLAR
## CAMINHOS DE UMA ATITUDE ETNOGRÁFICA

# FICHA TÉCNICA

EDITORIAL — Augusto Coelho
Sara C. de Andrade Coelho

COMITÊ EDITORIAL — Marli Caetano
Andréa Barbosa Gouveia - UFPR
Edmeire C. Pereira - UFPR
Iraneide da Silva - UFC
Jacques de Lima Ferreira - UP

SUPERVISOR DA PRODUÇÃO — Renata Cristina Lopes Miccelli

ASSESSORIA EDITORIAL — Jibril Keddeh

REVISÃO — Ana Lúcia Wehr

PRODUÇÃO EDITORIAL — Bruna Holmen

DIAGRAMAÇÃO — Jhonny Alves dos Reis

CAPA — Daniela Baumguertner

REVISÃO DE PROVA — Jibril Keddeh

## COMITÊ CIENTÍFICO DA COLEÇÃO EDUCAÇÃO, TECNOLOGIAS E TRANSDISCIPLINARIDADE

**DIREÇÃO CIENTÍFICA** — Dr.ª Marilda A. Behrens (PUCPR)

Dr.ª Patrícia L. Torres (PUCPR)

**CONSULTORES** — Dr.ª Ademilde Silveira Sartori (Udesc)

Dr. Ángel H. Facundo
(Univ. Externado de Colômbia)

Dr.ª Ariana Maria de Almeida Matos Cosme
(Universidade do Porto/Portugal)

Dr. Artieres Estevão Romeiro
(Universidade Técnica Particular de Loja-Equador)

Dr. Bento Duarte da Silva
(Universidade do Minho/Portugal)

Dr. Claudio Rama (Univ. de la Empresa-Uruguai)

Dr.ª Cristiane de Oliveira Busato Smith
(Arizona State University /EUA)

Dr.ª Dulce Márcia Cruz (Ufsc)

Dr.ª Edméa Santos (Uerj)

Dr.ª Eliane Schlemmer (Unisinos)

Dr.ª Ercilia Maria Angeli Teixeira de Paula (UEM)

Dr.ª Evelise Maria Labatut Portilho (PUCPR)

Dr.ª Evelyn de Almeida Orlando (PUCPR)

Dr. Francisco Antonio Pereira Fialho (Ufsc)

Dr.ª Fabiane Oliveira (PUCPR)

Dr.ª Iara Cordeiro de Melo Franco (PUC Minas)

Dr. João Augusto Mattar Neto (PUC-SP)

Dr. José Manuel Moran Costas
(Universidade Anhembi Morumbi)

Dr.ª Lúcia Amante (Univ. Aberta-Portugal)

Dr.ª Lucia Maria Martins Giraffa (PUCRS)

Dr. Marco Antonio da Silva (Uerj)

Dr.ª Maria Altina da Silva Ramos
(Universidade do Minho-Portugal)

Dr.ª Maria Joana Mader Joaquim (HC-UFPR)

Dr. Reginaldo Rodrigues da Costa (PUCPR)

Dr. Ricardo Antunes de Sá (UFPR)

Dr.ª Romilda Teodora Ens (PUCPR)

Dr. Rui Trindade (Univ. do Porto-Portugal)

Dr.ª Sonia Ana Charchut Leszczynski (UTFPR)

Dr.ª Vani Moreira Kenski (USP)

*À Maria Petrúcia de Souza Bezerra, minha mãe,*
*a primeira professora,*
*mulher de conhecimento e amor.*

*Passos dados que se alongam nos meus.*

# PREFÁCIO

A saga da Educação brasileira remonta propriamente aos inícios de uma sociedade já nascida refém de hiatos, tanto históricos e políticos, quanto étnico-raciais. Há quem nos aponte a origem desta sociedade desde sempre tão singular em um engendramento de humanos regido tão somente por interesses comerciais, no fundo europeus, porém mesquinhamente produzidos aqui mesmo, em terras tupis e guaranis. Há também os que, por outro lado, mais otimistas, definem o povo brasileiro como um afloramento de gentes aqui mesmo plantadas, vítimas de um sentimento de culpa e pavor pela mestiçagem, ao mesmo tempo alienado das consciências pela produção coletiva de uma invisibilidade de seus corpos, de sua cultura, em lugar das quais poriam à frente de si o brasileiro que almejavam ser: Homem de alma branca. Ver-se como Homem, todavia, não mudaria até os dias de hoje o homem e a mulher brasileiros e brasileiras cujas almas, assim ditas, brancas, cegaram uma racionalidade mestiça que construiu a Nação, a partir de realidades e contingências somente aqui vividas. E deu certo, esta razão, à brasileira, à revelia das almas que clamavam e seguem clamando por uma Razão alimpada e branca como a neve dos invernos europeus.

A racionalidade do povo brasileiro constitui-se a partir de uma experiência ímpar de contato entre culturas marginais, que aqui se fundiriam na vida cotidiana de uma sociedade que, desde sempre, já guardaria de si um profundo sentimento de marginalidade, em confronto com um imaginário de poder e sabedoria projetado na Europa longínqua. A uma tal racionalidade marginal, atribuir-se-ia uma sub-humanidade canhestra e envergonhada de si mesma e de sua origem tecida com um pouco de um tudo de periférico à Modernidade ocidental: um tanto de mouro já na pele não tão alva que nos trouxeram os ibéricos, um muito de tupi, ainda mais do que guarani, vivamente temperado por um muitíssimo de bantu. De certo seja a tamanha carga de marginalidades em nossa natureza racional que devamos a identidade de um povo que beira o irracional, capaz de produzir maravilhas culturais do mais exótico que se imagine, porém incapaz de gerir-se a si próprio com autonomia e juízo, ou de produzir saberes que a si mesmo expliquem e enalteçam. Eis uma questão que perseguiu *Darcy Ribeiro* ao longo de toda a sua vida. Em sua última obra, dizia-nos: "Meu sentimento era de que nos faltava uma teoria geral, cuja luz nos tornasse explicáveis em seus próprios termos, fundada em nossa experiência histórica. As teorizações oriundas de outros contextos eram todas elas eurocêntricas demais e, por isso mesmo, impotentes para nos fazer inteligíveis. Nosso passado, não tendo sido o alheio, nosso presente não era necessariamente o passado deles, nem nosso futuro um futuro comum" (Ribeiro, 1996, p. 13). Ao deixar-nos naquele mesmo ano, Darcy nos legou a missão moral de dar prosseguimento a este projeto, ainda sempre adiado por nós mesmos, de conferir ao Povo do Brasil uma teoria consistente que o explique para si mesmo como uma Humanidade íntegra, legítima e central. Sem fazimentos chupados desde alguém de alhures, já bem nos diria Mário de Andrade com seus 130 anos de presença na cultura nacional, mas com o bom e velho café com leite das manhãs nacionais.

O problema da educação brasileira, mais especificamente da *educação escolar brasileira*, reside centralmente nessa ausência teórica aludida por Darcy Ribeiro. A escola institui-se no Brasil como um aparelho demolidor das culturas locais, um instrumento que sobretudo buscaria, desde sempre, forjar um brasileiro e uma nacionalidade reféns de teorias exógenas àquilo que por toda parte nos formara e nos fizera ser os brasileiros. Nas bases mais profundas da escola brasileira encontram-se as primícias d*O Progresso da Humanidade*, da Inglaterra elisabetana, e os fervorosos ideários racionalistas que incendiaram a França iluminista. São projetos distintos o da escola inglesa e o da francesa, porém, motivados pela mesma extravagante concepção de uma humanidade regida pela racionalidade que se instituiria em Roma, a partir dos arranjos cristãos que modificariam aquilo que já fora modificado vindo da clássica filosofia grega. Paralelamente a isso, ainda durante a fundação da sociedade local, os jesuítas instituíram aqui – e nas demais terras da América Latina – uma cultura de formação religiosa que partiria de princípios de adequação e diálogo com as culturas locais. Deve-se a eles o advento da gramatização das primeiras línguas escritas brasileiras, fato que consolidaria as chamadas línguas gerais como idioma daquela Nação que já se instituía em sentimento e na marginalidade. Daí viria a se dar, na ausência da escola, a educação formal dos brasileiros, não pelas extravagâncias da Modernidade, mas pela extravagante e exótica catequese nacional.

Perpassada pela fé cristã, a cultura brasileira consolidar-se-ia a partir de suas matrizes marginais e sob bases preponderantemente orais, legando a escrita às sagradas investiduras sacerdotais. E sob influência desta cultura, singular mesmo entre os cristãos, desenvolveu-se a racionalidade do Povo do Brasil. Uma racionalidade manifesta na simplicidade das ruas, no cotidiano das casas de família, nos ritos públicos, quase todos cristianizados e carnavalizados, tudo muito ímpar. Uma tal racionalidade à brasileira, não tardaria a anunciar-se como ameaça aos interesses econômicos do europeu colonizador e do rico escravocrata nacional. Em resposta à ameaça de um possível levante contra as forças instituídas, desencadeou-se aqui um brutal processo de apagamento da consciência da singularidade social que nos instituíra como povo, pregando a ideia de um outro povo uniforme e conformado a uma abstração humana desenhada em moldes europeus.

> Subjacente à uniformidade cultural brasileira, esconde-se uma profunda distância social, gerada pelo tipo de estratificação que o próprio processo de formação nacional produziu. O antagonismo classista que corresponde a toda estratificação social aqui se exacerba, para opor uma estreitíssima camada privilegiada ao grosso da população, fazendo as distâncias sociais mais intransponíveis que as diferenças raciais. O povo-nação não surge no Brasil da evolução de formas anteriores de sociabilidade, em que grupos humanos se estruturam em classes opostas, mas se conjugam para atender às suas necessidades de sobrevivência e progresso. Surge, isto sim, da concentração de uma força de trabalho escrava, recrutada para servir a propósitos mercantis alheios a ela, através de processos tão violentos de ordenação e repressão que constituíram, de fato, um continuado genocídio e um etnocídio implacável. Nessas condições, exacerba-se o distanciamento social entre as classes dominantes e as subordinadas, e entre estas e as oprimidas, agravando as oposições para acumular, debaixo da uniformidade étnico-cultural e da unidade nacional, tensões dissociativas de caráter traumático. Em conseqüência, as elites dirigentes, primeiro lusitanas, depois lusobrasileiras e, afinal, brasileiras, viveram sempre e vivem ainda sob o pavor pânico do alçamento das classes oprimidas... (Ribeiro, 1996, p. 23).

A escola torna-se um dos mais eficientes instrumentos de etnocídio no Brasil, não só contribuindo historicamente para a ampliação dos hiatos sociais entre pobres e ricos, como para a edificação de um sujeito nacional alimpado e alienado de sua inconformidade ao programa higienista de homem branco tropical. No cerne desta escola, naquilo que propriamente a torna um aparelho de formação de pessoas, encontra-se um **modelo epis-**

**temológico**, algo que se define como o arremedo de certa racionalidade ao mesmo tempo vinculada a um mito civilizatório e a um arquétipo de humanidade. Do mito civilizatório muito sabemos, visto constar em toda a miríade histórica do homem ocidental. Do arquétipo humano, todavia, ainda que derivado da imagem daquele sujeito da Europa ocidental, pouco se esclarece quanto à natureza em si de sua racionalidade, exceto por aquilo que se pode intuir pela forma como age e pensa, a partir da conduta do ilustre sujeito cartesiano, aquele cristão pio, descrente do outro, longe da realidade dos homens vulgares. Sem dúvida, uma escola assentada sob a epistemologia do sujeito cartesiano bem cumpriria o papel de garantir o etnocídio no Brasil.

Contudo, a história da escola formal no Brasil, além de muito recente, é também marcada pela desigualdade em sua distribuição pela população. Quanto maior o poder econômico – o que no Brasil sempre foi análogo a poder político – maior a probabilidade de ingresso e permanência na escola, assim como maior a identidade frente ao imaginário de homem branco tropical. Quanto menor o poder, tanto maior a indigência social, quanto menor a probabilidade de ingresso na escola formal. A indigência social no Brasil está também associada à certa liberdade para ser e proceder à margem da figura ideativa do homem branco tropical, pois que lhes pesa menos a pressão de representar publicamente a nação branca imaginária. Em que pese a unidade nacional brasileira, sobretudo a partir do final do século XIX, a formação escolar contribuiria tanto para a consolidação das absurdas desigualdades sociais no país, quanto para a perpetração de dois universos paralelos coexistentes na sociedade: o urbano dito civilizado, regido pelos ditames escolarizados, hoje tratado como "o asfalto", e o gueto marginal, livre dos ditames cartesianos e organizado segundo as bases da sociedade fundante. Originariamente povoados pelas populações negras, os guetos que resultariam nas favelas, são espaços de culturas orais, já que aos negros era vedado o direito à alfabetização, primeiro por disposições legais vigentes nos períodos colonial e imperial, mais tarde por preconceito.

Fato é, entretanto, que em ambos os universos sociais brasileiros, para além da absorção da escrita alfabética, muito pouco da cultura cartesiana – própria da epistemologia escolar – estabeleceu-se no cotidiano nacional. Nos guetos, a cultura oral e sua espontaneidade consolidaram-se e, já em meados do século passado, alçaram à condição de verdadeira expressão nacional. Na urbanidade dita civilizada, reza uma ambígua relação de amor e ódio com aquela cultura também dita civilizada: no que interessa, é bem-vinda; no que incomoda àquele veio miscigenado que não se alimpa nunca, não é bem-vinda e poucos a seguem. Ainda que a escola brasileira tenha cumprido seu papel na construção desse sujeito nacional alienado de si, e o siga cumprindo, não se tornou capaz de propriamente alterar a natureza do sujeito social que aqui se fundiu desde as primeiras instituições da nação, tornando-se perante povo um aparelho útil para gerar certa legitimidade social, porém, deslocado de sentido público, avesso ao cotidiano e, por isto, incapaz de mover a sociedade por transformações efetivas.

Desde ainda no século passado, os consecutivos governos federais não se furtaram em traçar políticas públicas visando, ora à garantia de acesso universal à escola, ora à garantia de qualificação da formação escolar. Diga-se, havemos de ressaltar, que mais a propósito de geração de mão de obra qualificada para o exercício do trabalho, do que propriamente de desenvolvimento da humanidade nacional. Entretanto, desde então prédios escolares não faltam aos brasileiros, cuja formação básica inclui invejáveis quatorze anos. Ainda assim, a universalização do acesso material à escola no Brasil não foi até os dias de hoje capaz de universalizar a formação escolar básica entre os brasileiros. De um lado, há um recorrente índice de perda de matrículas, no passado perpetrado já na alfabetização, historicamente associada à reprovação de aproximadamente 30% de alunos em escolas públicas de todo o país. Mais recentemente, devido a mudanças nas políticas de garantia de permanência na escola, a evasão desloca-se para os anos finais do ensino fundamental, dando-se, de forma ainda mais expressiva, no ensino médio. Segundo dados do Unicef[1], a evasão escolar está fortemente associada à necessidade de ingresso no mercado de trabalho e à dificuldade de aprendizagem do conteúdo escolar. Porém, entre os alunos participantes da pesquisa, inúmeros declararam ter evadido, também, por não se identificarem com a cultura escolar, ou por não serem identificados por ela, tal como se pode constatar na figura 1:

---

[1] Cf. pesquisa realizada pelo Ipec para a agência do Unicef no Brasil, disponível em: https://www.unicef.org/brazil/media/20186/file/educacao-em-2022_a-voz-de-adolescentes.pdf Acesso em: 27 set. 2023.

**Figura 1: Causas da evasão escolar apontadas por ex-alunos**

Fonte: IPEC (2022, p. 11)

Na mesma fonte de dados, consta ainda uma informação das mais interessantes: indagou-se de alunos regularmente matriculados se tinham intenção de abandonar a escola ou já haviam pensado em abandoná-la em algum momento. Os resultados são os que se apresentam na figura 2:

**Figura 2: Causas potenciais de evasão escolar**

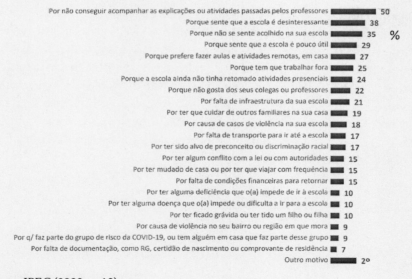

Fonte: IPEC (2022, p. 12)

Entre os ainda matriculados, a necessidade de ingresso no mercado de trabalho não figura entre as causas de evasão mais citadas, ficando abaixo de outras cinco causas potenciais, todas associadas a algum traço de não identidade entre o aluno e a formação escolar. Somando-se os percentuais de alunos evadidos e em situação de potencial evasão, chega-se a cerca de 32% da população em idade escolar, sendo 11% de evadidos e 21% potencialmente evadidos. É surpreendente a quantidade de jovens brasileiros para os quais a formação escolar não representa uma experiência relevante e legítima em seu desenvolvimento sociocultural. É de surpreender, também, a recorrente incidência de dificuldades de aprendizagem manifesta nas falas dos alunos, fato que lhes assevera o sentimento de não pertencimento à escola. Leva-nos a pensar na evasão como uma forma de resistência, fuga daquela mesma instituição escolar etnocida que se desenhara no país ainda quando de sua formação, não propriamente para formar seu povo, mas para deformá-lo em favor de certa ideia eurocêntrica de humanidade. Eis-me aqui, de novo, aludindo à saga da educação brasileira.

Entre enxugamentos e remendos os mais diversos, a escola brasileira traz em seu âmago a mesma cultura higienista e eurocêntrica de formação humana com que se institui como aparelho de um programa equivocado de desenvolvimento social no país. A construção de uma escola verdadeiramente integrada às vocações humanas singularmente geradas na memória sociocultural brasileira não se sustentará sobre reformas de ensino, bases nacionais curriculares, metodologias mirabolantes ou outros expedientes que a afetem tão somente na superficialidade da experiência de formação humana que, no fundo, busca promover. Tal como nos dissera Darcy Ribeiro, faltam-nos as teorias que nos expliquem tal como sujeitos escolares, as teorias que nos traduzam e formem professores que, compreendendo-se a si mesmos, compreendam seus alunos brasileiros como humanos plenos de racionalidade. Nenhuma formação escolar se legitima quando a experiência derivada não dialoga com a racionalidade de quem educa ou não a compreende.

O resgate da racionalidade brasileira e, consequentemente, da verdadeira identidade do povo nacional constitui o salto teórico que poderá inaugurar, de fato, uma escola que aqui se institua como instituto de desenvolvimento humano, não mais um aparelho deformador. Esta é a motivação que nos traz ao conceito de uma **epistemologia do professor e da professora**, um domínio acadêmico que tem por objeto explorar as propriedades dessa racionalidade própria da vida nacional, assim como os saberes que facultam ao professor instituir-se como um agente de formação e desenvolvimento plenamente reconhecido e legitimado pelo aluno brasileiro. Antes de tudo, um pacto acadêmico e de responsabilidade para com o reconhecimento de um povo que ainda está por ser plenamente reconhecido como sujeito escolar, pleno aprendente e merecedor de uma escola verdadeiramente emancipatória.

Em seu livro, publicado em boa hora, Tatiana Fagundes traz-nos uma contribuição valiosa para a compreensão deste campo acadêmico ainda pouco explorado da forma necessária para dialogar com as questões aqui apresentadas. Fruto de uma mente de excepcional clareza acerca da questão identitária que se encontra no centro da formação escolar, este livro reúne o resultado de estudos realizados por vários anos de formação pós-graduada e de uma carreira docente na educação básica e superior marcada por profunda sensibilidade e respeito pelo lugar do outro a quem se ensina. Discutindo e problematizando a **epistemologia do professor e da professora**, Tatiana Fagundes traz-nos uma fonte seminal de investigações que contribuem para área de formação docente desde uma perspectiva ao mesmo tempo teórica e social. Que dê muitos e muitos frutos.

*Rio de Janeiro. 27 de setembro de 2023*
*Luiz Antonio Gomes Senna*
*Professor Titular da área de Linguagem & Educação*
*Programa de Pós-Graduação em Educação*
*Universidade do Estado do Rio de Janeiro*

## Referências

IPEC (2022) A educação brasileira em 2022 – A voz dos adolescentes. Rio de Janeiro: Brasília: Agência Brasileira do UNICEF. Disponível em: https://www.unicef.org/brazil/media/20186/file/educacao-em-2022_a-voz-de-adolescentes.pdf. Acesso em: 27 set. 2023.

RIBEIRO (1996) O povo brasileiro – a formação e o sentido do Brasil. São Paulo: Cia. das Letras.

# APRESENTAÇÃO

A escola, com suas professoras e seus professores, alunas e alunos, produzem conhecimentos relevantes à educação, especialmente aqueles que se referem aos processos de ensino-aprendizagem e formação humana dos sujeitos plurais que se encontram nela. Tais conhecimentos, por sua vez, não se diferenciam de modo substantivo dos que são produzidos no âmbito acadêmico-científico.

Essas são as premissas a partir das quais se desenvolve esta obra. Frente a elas, e com o objetivo de defendê-las, foi que me debrucei sobre os estudos a respeito da produção de conhecimento, de um modo geral, e da produção de conhecimento da escola, em particular, buscando neles indícios (GINZBURG, 1989) do viés que para mim se evidenciava.

Para problematizar esta produção, dialogo com Branquinho *et al.* (2010, 2016), Bulcão (2008), Burke (2003), Garin (1996), Maturana (2001), Ronan (2001), Portugal (2008), Santos (1988), entre outras/os que me trazem a dimensão e a possibilidade de argumentar que ela não é restrita a um contexto específico, que teria a primazia sobre seus processos. Além disso, com essas/es autoras/es, mostro que os critérios de coerência com os quais lida tal contexto não diferem daqueles que fazem parte da produção de conhecimento que se identifica em outros espaços, entre os quais as instituições educativas.

Sobre a produção de conhecimento na escola, lanço mão do conceito de saberes docentes e do campo da epistemologia da prática, discutindo-os, para, então, chegar ao que, neste trabalho, se sustenta como uma epistemologia da educação escolar. Ambos compõem o universo de estudos que se atrelam a perspectiva de que as/os professoras/es possuem saberes, ou conhecimentos, produzidos e mobilizados em sua prática profissional (SHULMAN, 1986; TARDIF, 2000) e auxiliam a dar legitimidade a esses saberes.

Entre a discussão sobre o conhecimento e a anunciação de uma epistemologia da educação escolar há um elo, que é a atitude etnográfica. Se, de um lado, a etnografia busca compreender o outro (MATTOS, 2001), de outro lado, o toma como um sujeito de conhecimento (SENNA, 2006); e, ainda, em seus princípios, destaca as habilidades que podem ser utilizadas em contextos diversos por diferentes sujeitos (MATTOS, 1995), logo estamos lidando com algo que ultrapassa os limites de uma abordagem de pesquisa.

A concepção de atitude etnográfica emerge da maturação desse entendimento, definindo-se como uma postura de encontro com o outro, que pode dar-se em diferentes situações, como será observado com Caiafa (2007), Campos (2014), Clifford (2014) e Klinger (2007). Tal atitude, entendida nesses termos, faz parte da construção deste livro, e com ela articulam-se os elementos que dão sentido à epistemologia que aqui se discute; esta que se percebe na escola atual, mas tem registros de sua presença em trabalhos que, embora não a explorem, trazem indicativos a seu respeito. Em Elliott (1993, 1998), Hernández e Ventura (2009) e Senna (2003), eles são encontrados.

A partir da epistemologia da educação escolar, podem ser pensados e propostos caminhos na educação que se aproximem da necessidade que temos de garantir os direitos de aprendizagem e formação humana das alunas e dos alunos, todas elas e todos eles, na educação básica. Para dar conta dela, este trabalho se organiza em três capítulos. O primeiro gira em torno da problematização do conhecimento, o segundo diz respeito à atitude etnográfica, e, finalmente, o terceiro versa sobre a epistemologia da educação escolar. Cada um dos capítulos vem acompanhado de uma introdução que o explica, descrevendo os tópicos que estão a ele relacionados e sua relevância ao raciocínio que se desenvolve em seu âmbito.

Para concluir esta breve apresentação, é importante ressaltar que as considerações presentes neste livro e sua elaboração fazem parte de um percurso e uma construção de ideias que abrangem a permanência na escola básica, especialmente nas séries iniciais do ensino fundamental, durante todo o período de sua construção, o que configura 15 anos de trabalho. Com esse contexto e seus sujeitos, entre os quais sou mais uma, é que foi sendo significada a epistemologia da educação escolar que aqui se busca anunciar.

*A autora*

# LISTA DE ABREVIATURAS E SIGLAS

**ANPEd** – Associação de Pós-Graduação e Pesquisa em Educação

**CEDU** – Centro de Educação

**CPM** – Curso de Preparação para o Magistério

**CRIFPE** – Centre de Recherche Interuniversitaire sur la Formación et la Profession Enseignante

**Eric** – Educacion Resources Information Center

*et al.* – Expressão em Latim que significa e outros

**Fapesp** – Fundação de Amparo à Pesquisa do Estado de São Paulo

**EDU/Uerj** – Faculdade de Educação da Universidade do Estado do Rio de Janeiro

**FFLCH-USP** – Faculdade de Filosofia, Letras e Ciências Humanas da Universidade de São Paulo

**ICE** – Instituto de Ciências da Educação

**ICS** – Instituto de Ciências Sociais

**IFCS** – Instituto de Filosofia e Ciências Sociais

**Iser** – Instituto de Estudos da Religião

**LBDEN** – Lei de Diretrizes e Bases da Educação Nacional

**Lemetro** – Laboratório de Etnografia Metropolitana

**NetEDU** – Núcleo de Etnografia em Educação

**p.** – página

**PCK** – Pedagogical Content Knowledge

**PIBID** – Programa Institucional de Bolsas de Iniciação à Docência

**PSF-SD** – Programa de Saúde da Família Sem Domicílio

**SME-Rio** – Secretaria Municipal de Educação do Rio de Janeiro

**Uerj** – Universidade do Estado do Rio de Janeiro

**Ufal** – Universidade Federal de Alagoas

**UFRJ** – Universidade Federal do Rio de Janeiro

6

# SUMÁRIO

## 1
**PROBLEMATIZANDO O CONHECIMENTO** .............................. 21

1.1 O Renascimento italiano e a ciência moderna: por onde caminha o conhecimento? ........................................................26

1.1.1 Aspectos socioculturais na vida civil renascentista: consciências e condição humana deificada .................................................30

1.1.1.1 A renovação científica e os dogmas da ciência: suas dobras e vieses, seus sujeitos e contextos ........................................................35

1.2 A ciência sem esconderijos e seus sujeitos plurais ........................43

1.2.1 O sujeito não cartesiano e as teorias científicas: Gonseth, Maturana e outra dimensão da produção de conhecimento ...........................46

1.2.2 A assunção do conhecimento como produção conjunta e a decisão ético-política de expô-lo ..................................................54

1.3 Produção de conhecimento: em tudo e com todos...........................61

## 2
**ATITUDE ETNOGRÁFICA** ......................................... 65

2.1 Atitude etnográfica: da expressão ao sentido ...........................70

2.2 Encontros com os outros como sujeitos de conhecimento e cultura – etnografias possíveis .............................................81

2.3 Quantos Antônios e quantas Mutemas cabem em uma atitude etnográfica? – viagens e leituras com Mário de Andrade e Guimarães Rosa.....................89

2.4 A "mania etnográfica" em nosotros e a educação ..........................101

2.5 Atitude etnográfica: uma forma de se colocar no mundo, em relação à anunciação do conhecimento e nos processos de ensino-aprendizagem......................108

## 3
**CAMINHOS PARA ANUNCIAÇÃO DE UMA EPISTEMOLOGIA DA EDUCAÇÃO ESCOLAR.** ............................................ 113

3.1 As pesquisas educacionais (no Brasil) e os saberes docentes ...................116

3.1.1 Conhecimento de base: o marco do projeto de profissionalização do ensino ..........................................................121

3.1.1.1 Estudos-síntese, conhecimento de base e, finalmente, saberes docentes........125

3.1.2 O saber sobre os saberes docentes: uma leitura e um apontamento possível ....................................................................133

3.2 A epistemologia da prática docente: avanços em relação ao reconhecimento da produção de conhecimento para além do espaço acadêmico-científico ............137

3.3 Por onde andou a epistemologia da educação escolar? .........................147

3.4 Para uma epistemologia da educação escolar..................................159

**PALAVRAS FINAIS**.....................................................................163

**REFERÊNCIAS** ........................................................................167

# PROBLEMATIZANDO O CONHECIMENTO

Abordar o processo de produção de conhecimento é sempre um desafio complexo, que instiga a seguir por caminhos nem sempre evidentes, permeando atalhos, observando pistas, as quais levam a encruzilhadas que podem encaminhar a outros lugares, outras leituras, percepções, *achamentos* e entendimentos... Este desafio é assumido nesta obra, particularmente neste capítulo, porque um percurso diferente foi se colocando como emergência à medida que se procedia a sua construção, de maneira que não o assumir seria o mesmo que ignorar os saberes que se anunciam cotidianamente nos contextos dos quais fazemos parte e que mudam e moldam, recorrentemente, a forma de compreender e dizer sobre o mundo que nos cerca.

O exercício de pensamento que se procura fazer nesta parte do trabalho não tem intenção, nem sequer a pretensão, de ser uma revisão, reformulação ou um prosseguimento das ideias de um/a autor/a determinado/a, ou de certa "escola ou corrente de pensamento", como, na realidade, não o é em todo o seu desenvolvimento. Trata-se, antes, de abordar o conhecimento com base em interrogações, problematizações e inquietações que têm me acompanhado na vivência da pesquisa, do magistério, no compartilhamento formativo com meus pares, na orientação de estudos como pedagoga.

Levando em conta essa proposição, encaminha-se pelas considerações de Peirano (2014, p. 384), quando ela chama atenção para o fato de que as "escolas de pensamento" só existem *a posteriori* e, geralmente, acompanhadas de uma conotação política de superação, ou então como posição política de novidade, buscando a adoção de rótulos, essencialismos, classificações, caixinhas fechadas, que deixam de lado a dimensão de que "nossa história será sempre espiralada, nunca evolutiva nem unidirecional".

Com a autora, também se concorda em relação à sua colocação de que cada pesquisador/a sempre teve de conceber novas maneiras de pesquisar. Em seu artigo, no qual discute a etnografia e a ideia, para ela problemática, da existência de um "método etnográfico", afirma que todo antropólogo está constantemente reinventando a antropologia, de modo que ela é resultado de uma permanente recombinação intelectual (PEIRANO, 2014, p. 381). O mesmo se pode dizer em relação às pesquisas em ciências humanas, sejam elas de caráter teórico-conceitual, qualitativas ou com qualquer outra abordagem que opere no campo simbólico humano.

Becker (1999), em entendimento semelhante ao de Peirano (2014), ao fazer uma colocação a respeito dos modos como os sociólogos realizam seus trabalhos, a qual também se pode estender a qualquer pesquisador/a na área de humanas, afirma que estes deveriam sentir-se livres para inventar os "métodos" capazes de resolver os problemas que se colocam à pesquisa que estão realizando. "É como mandar construir uma casa para si. Embora existam princípios gerais de construção, não há dois proprietários com as mesmas necessidades. Assim, as soluções para os problemas de construção têm sempre de ser improvisadas" (PEIRANO, 2014, p. 12). Não se trata, no entanto, de ignorar princípios que podem ser importantes para a construção da casa, mas estes princípios, em si, talvez não resolvam as questões da construção de uma casa específica.

Caminha-se também neste capítulo com algumas asserções de Paraíso (2014), a partir de um trabalho em que busca mostrar as trajetórias de suas pesquisas e as de seu grupo, no qual assume que não há uma única teoria, tampouco um método ou "corrente" que sirva para dar sustentação aos estudos que desenvolve. A autora afirma que recorre, em termos teóricos e metodológicos, ao que serve aos estudos que realiza, de maneira que algo original possa ser produzido. Desse modo, procura descolar as linhas que separam literatura e ciência, arte e ciência, conhecimento e ficção, filosofia e comunicação, teoria e prática, discurso e "realidade", saberes do senso comum e conhecimento.

A possibilidade do despertar de questionamentos que ainda não tinham sido levantados, em vez de formas e estratégias para aplicar uma teoria ao que está sendo estudado, é o que interessa a Paraíso (2014). Não se lê, como continua a autora, para que se possa resumir e ter a lembrança de algo que já se conhece. Lê-se, isso sim, para aprender, isto é, para que seja possível a realização de sínteses inesperadas. Lê-se com a esperança de que a leitura favoreça e estimule a percepção de alguma coisa desconhecida, capaz de provocar uma mobilização no que está sendo pensado. Nessas leituras e nessas sínteses, portanto, não se tem como preocupação dar prosseguimento à "linha doutrinária" de seus autores e suas autoras, ou a algum "campo teórico"[2], mas sobre a utilização do que em certo/a

---

[2] As aspas colocadas nas expressões "escolas de pensamento", "correntes", "linha doutrinária" e outros buscam chamar atenção para a ideia que percorre este trabalho, particularmente este capítulo, como se esforça para mostrar, de que o conhecimento apresenta uma complexidade muito maior do que seu enquadramento em uma dessas categorias.

autor/a ou em certa obra é capaz de mobilizar o pensamento. Aquilo que esses mesmos/as autores/as mostram de inquietude é o que auxilia o fazer investigativo.

Por último, neste capítulo, ainda se busca uma aproximação com o que Senna (2014) identifica na obra de Ferreiro e Teberosky (1976), isto é, o rompimento com a dinâmica estrutural de paradigmas acadêmico-científicos em favor de um arranjo teórico cujo interesse se volta para o sujeito de conhecimento — em relação às pensadoras em tela, o sujeito em processo de alfabetização, no caso deste livro, o sujeito que conhece em um sentido mais amplo. Conforme destaca o autor, a ciência, de um modo geral, deve a ambas pela ousadia que tiveram em pôr à frente do corpo teórico utilizado para elaboração de sua teoria da psicogênese da língua escrita, os sujeitos que vinham apresentando custo no processo de alfabetização. Ao fazerem isso, reuniram três das mais antagônicas concepções de mente:

> O inatismo, oriundo da tradicional epistemologia de Kant, representado na Psicogênese através da figura de Noam Chomsky, linguista; o inato-interacionismo de Jean Piaget, que acrescenta ao inatismo clássico os fatores de desenvolvimento e experienciação, sem romper, todavia, com a figura abstrata e universal do sujeito cartesiano; e o sociointeracionismo de Lev Vygotsky, que evoca a figura do sujeito epistemológico tecido a partir da linguagem, de caráter eminentemente cultural e desenvolvido a partir de operações interpessoais de construção de sentidos (SENNA, 2014, p. 67-68).

Com isso, ou apesar disso, deram conta de, na anunciação do sujeito da psicogênese, expor a síntese de um sujeito real, "aquele que se perdera nas múltiplas e fracionadas descrições estruturais, imersas em seus próprios paradigmas" (SENNA, 2014, p. 68), e deixaram em aberto um campo para que se pudesse, ao menos, ponderar que a produção de conhecimento não passa pela adoção de uma única linha de raciocínio, tal qual uma seta irrecorrível. Ela passa por múltiplas dimensões que levam a resultados às vezes inesperados, às vezes inéditos, plenos de sentido e coerência nos contextos nos quais se produzem com base na questão que neles se levantam.

Vale ressaltar que não se pretende aqui proceder deliberadamente com tamanha ousadia, como a de Ferreiro e Teberosky ([1976] 1999), mas, por meio daquilo que elas mostraram, ter mais um argumento que permita, com mais liberdade, dialogar com autoras e autores que possam ter, em algum ponto de seu trabalho, algo que se considera relevante para este, ainda que neles se encontre alguma controvérsia. Assim, busca-se estabelecer diálogos com diferentes autores/as (BRANQUINHO *et al.*, 2010, 2016; BULCÃO, 2008; BURKE, 2003; GARIN, 1996; MATURANA, 2001; RONAN, 2001; PORTUGAL, 2008; SANTOS, 1988, entre outros e outras), que apresentam pensamentos que não parecem antagônicos, mas podem mostrar-se divergentes em alguns aspectos. Não obstante isso, contribuem mediante suas argumentações para auxiliar na sustentação da perspectiva de conhecimento que se pretende apresentar, qual seja, a de que sua produção se dá na tessitura contextual, relacionada a vivências, experiências, reflexões e questões imbricadas em saberes de toda ordem, a partir da participação de sujeitos diversos em sua constituição.

Buscando construir esse entendimento, tem-se como intenção problematizar certa ideia de que a produção de conhecimento assenta-se sobre bases científicas sólidas e seguras, mediante as quais se chegaria à proposição da verdade última sobre todas as coisas. E, ao fazer isso, apontar para existência de possibilidades para que se possa anunciar o conhecimento tecido em variados espaços e situações.

A fim de alcançar os objetivos deste capítulo, o primeiro tópico, sob o título "O Renascimento italiano e a ciência moderna: por onde caminha o conhecimento?", se dedica a discutir o conhecimento desde o período inicial do que chamamos de Modernidade, porque esse marca substantivamente a crença de que só existe produção de conhecimento se for "científica".

Esse tópico se desdobra em um primeiro, a saber, "Aspectos socioculturais na vida civil renascentista: consciências e condição humana deificada", que mostra os elementos presentes no âmbito renascentista que foram fundamentais para que se desembocasse na "revolução científica moderna", e leva à abertura de um segundo, "A renovação científica e os 'dogmas da ciência': suas dobras e vieses, seus sujeitos e contextos", em que se busca apresentar os argumentos para que se possa construir uma compreensão de que a ciência produziu um conhecimento contextual que contou, desde sempre, com aspectos relativos às vivências e experiências comuns à época do Renascimento. No primeiro tópico, inclui-se, ainda, as consequências relacionadas à crença nos dogmas científicos, entre as quais a ideia de um sujeito de conhecimento universal, alijado de contexto, de história e da própria vida.

Desconstruir essa ideia é função que se assume no segundo tópico. Sob o título "A ciência sem seus esconderijos e seus sujeitos plurais", busca-se dar ênfase ao entendimento de que, a despeito do que se tenha dito sobre o que a ciência era, o conhecimento produzido em seu interior não carrega em si uma diferenciação em relação a outras formas de conhecer que possam justificar que seu saber é o mais correto, o verdadeiro, em relação a qualquer outro.

O segundo tópico se divide em dois: "O sujeito não cartesiano e as teorias científicas: Gonseth, Maturana e outra dimensão da produção de conhecimento", em que se intenta tornar evidente que, no próprio processo de produção de conhecimento científico, está um sujeito que conhece alheio ao arquétipo de sujeito universal promulgado em Descartes e Kant; e "A assunção do conhecimento como produção conjunta e a decisão ético-política de expô-lo", que busca dar continuidade à sustentação de um conhecimento que se faz de modos diversos. Nesse momento do trabalho, lança-se mão de um exemplo no cenário da produção de conhecimento, mediante o qual se pode visualizar os contornos de uma produção que se reconhece tecida junto. Finalizando o capítulo, estão as considerações em "Produção de conhecimento: em tudo e com todos".

Algumas especificidades inerentes à discussão presente em cada tópico são apresentadas em suas introduções, cujo escopo está em trazer clareza aos objetivos que se tem com sua escrita. Ressalte-se também, desde já, que, em virtude do tema abordado, a escrita do capítulo é marcada por idas e vindas e, ao longo dele, por algumas retomadas em relação às problematizações que lhe atravessam, na tentativa de apresentar uma compreensão ampla e coerente a seu respeito, dentro dos limites e intenções deste trabalho. Nesse sentido, guia-se um pouco pelo que fez Beticelli (2004) em sua obra para explicar a origem normativa da prática educacional na linguagem, onde se propõe a investigar as possibilidades de uma *episteme* da normatividade no âmbito do processo educacional. Para isso, vai e volta muitas vezes, fazendo "um esforço muito intenso para reunir, em torno da discussão epistemológica da educação, pensadores/educadores de diferentes tendências, buscando, em cada um, as possibilidades de contribuição para a compreensão do processo de educar/ ser educado" (BETICELLI, 2004, p. 19). Assim, o autor busca alcançar o objetivo de seu trabalho: "fundamentar a instauração de sentido e a normatividade do processo educacional compreendido como processo complexo" (BETICELLI, 2004, p. 19).

Com este capítulo, lançam-se as bases argumentativas para que se possa visualizar os contornos de um conhecimento que vem se fazendo com sujeitos, com contextos, gerando contextos, imbricando em vez de separando, unindo e pluralizando em vez de discriminando e, mais atualmente, assumindo as inúmeras possibilidades de sua anunciação.

## 1.1 O Renascimento italiano e a ciência moderna: por onde caminha o conhecimento?

*A face oculta da ciência, que "é sua essência e que ama esconder-se", como diz Heráclito. A face oculta da ciência ficou para trás na "aurora do pensamento". É preciso recuperá-la porque é "portadora do sentido da ciência moderna"*

*(Pegoraro, 2008)*

O Renascimento italiano foi um marco para o pensamento ocidental no que diz respeito à liberdade de construções conceituais e de experiências de vida. Nele se encontra a gênese de um movimento que se expandiu para os mais diferentes lugares da Europa (DOREN, 2012, p. 171) e, posteriormente, para outras partes do mundo. Esse movimento, situado no contexto que o originou, torna possível perceber sua motivação e sua natureza, visto que está intimamente relacionado à vida civil das cidades italianas entre os séculos XIV e XVII e se desdobrou na revolução científica, ou, como prefere Garin (1996), na renovação científica moderna, no âmbito da qual se estabeleceu uma visão de mundo que buscou alterar os pressupostos eclesiásticos. Vários campos do saber foram reavivados a partir da retomada de estudos da Antiguidade clássica, e o ser humano passa a ser colocado no centro das construções e explicações a respeito de si e da natureza.

Por que a Renascença começou na Itália, que não era mais que um conglomerado de cidades-Estados sem uma unidade comum? "Por que foi ali que vicejou uma nova apreciação dos valores humanísticos?" (RONAN, 2001, p. 8). Ronan (2001, p. 8) considera não haver uma resposta simples para essa questão, mas destaca que o comércio e o desenvolvimento econômico crescente da região, bem como certa independência política e uma tradição de aprendizagem que se dava dos claustros à corte, tornavam as cidades italianas sensíveis a quaisquer estímulos intelectuais, particularmente na região da Toscana, onde, segundo ele, a Renascença teve início.

Sua repercussão foi sentida inicialmente em disciplinas ligadas à moral e nos métodos educativos adotados tanto pelas escolas de gramática quanto de retórica. Ressoou também na formação dos dirigentes das cidades, para os quais ofereceu o suporte de técnicas bastante refinadas, de modo a fazer com que se tornassem exímios em sua função. Entretanto, seu principal destaque foi ter servido para definir "ideais" e elaborar uma concepção da vida, do homem e da sociedade contrária ao que a medievalidade sustentava. Para as perguntas que não tinham mais respostas satisfatórias, estabeleceram-se novas exigências e impulsos, a partir dos quais imprevisíveis possibilidades se abriram. "De uma forma inteiramente inédita e desconcertante, novas ideias e novas hipóteses floresceram: desaparecia assim uma forma de entender a realidade, enquanto surgiam posições completamente originais" (GARIN, 1996, p. 11).

Os chamados humanistas foram precursores da mudança nos esquemas de pensamento e explicação do mundo. Eles passaram a questionar a esterilidade dos debates presentes na "ciência medieval", que, para eles, não levavam a lugar algum, atacando a "sutileza estéril de discussões 'dialéticas' *in utramque partem*"[3], contra a qual se lançavam muitos dos pensadores que viveram e se fizeram expoentes no movimento renascentista (GARIN, 1996, p. 8).

Segundo Burke (2003), os humanistas tinham por costume desenvolver suas ideias a partir de discussões, e os debates que promoviam tinham ocasião fora dos ambientes universitários, em uma instituição que criaram para si, a "academia". Esta, inspirada na academia de Platão, era mais próxima ao banquete (inclusive na bebida) do que do seminário moderno. Nas universidades, os grupos que já tinham se estabelecido há mais tempo tendiam a ser hostis às novas ideias. Levar o debate para a "academia" significava, por um lado, a abertura para proposições inovadoras e, por outro, a possibilidade de participação de quem quer que fosse, em diferentes oportunidades e nos espaços que estivessem disponíveis.

Os questionamentos levantados pelos humanistas não eram restritos a eles, relacionavam-se também às pessoas comuns, que faziam parte das cidades e tinham interesses e trabalhos diversos. Em Garin (1996), encontra-se o resumo de um encontro registrado por um estudante, em carta a um amigo, que serve para retratar o universo em que estavam envolvidos os italianos do Renascimento:

---

[3] Expressão em latim que significa "em qualquer direção".

> Alunos e amigos vão à casa do professor e o encontram lendo um diálogo de Platão. Inicia-se uma conversação e ele se põe a discorrer sobre a obra que estava estudando e depois, mais genericamente, sobre o pensamento platônico e a filosofia grega. Logo depois, saem todos juntos, e vão passeando e conversando pelas ruas do centro, até chegarem à *Annunziata*. Ali, diante da igreja, continuam pacata e amigavelmente a tratar dos problemas filosóficos com algum religioso, com os conhecidos que haviam encontrado pelas ruas e com os curiosos (GARIN, 1996, p. 88-89, grifo do autor).

Burke (2003), do mesmo modo que Garin (1996), apresenta uma série de exemplos que sustentam a implicação de diferentes sujeitos sociais na conformação de uma Itália renascida e, sobretudo, da relevância do conhecimento que tinham e vinham construindo para provocar as mudanças que foram percebidas a partir de então.

Na Florença dos idos do século XV, o humanista Leonbattista Alberti tinha frequentes conversas com o escultor Donatello e com o engenheiro Filippo Bruneleschi. Sem esse diálogo aproximado, seria difícil para Alberti escrever os tratados sob sua rubrica a respeito da arquitetura e da pintura. Especialistas em arquitetura, por sua vez, discutiam com os mestres de obras e suas tradições artesanais sobre o conhecimento humanista dos patronos que, por vezes, encomendavam suas casas com base em cópias de Vitrúvio[4]. "De fato, é difícil imaginar como o texto desse antigo tratado romano sobre a arquitetura poderia ter sido editado e ilustrado [...] sem algum tipo de colaboração entre conhecedores do latim clássico e conhecedores da arte da construção" (BURKE, 2003, p. 22).

Assim como na arquitetura, em outras áreas, observa-se o imbricamento de saberes para conformação de um compêndio de conhecimentos. Os escritos de mineração devem muito ao conhecimento dos mineiros; a economia, por sua vez, deve ao conhecimento prático dos mercadores, um conhecimento inicialmente oral que posteriormente passou a circular em impressões cada vez mais comuns entre os séculos XVI e XVII. O conhecimento da pintura e as técnicas que a envolviam são também devedores do conhecimento oral de seus praticantes; a química deve muito à tradição artesanal da metalurgia, assim como a botânica se desenvolveu com base no conhecimento de jardineiros e curandeiros populares (BURKE, 2003, p. 42-43).

---

[4] Marcos Vitrúvio Polião, arquiteto que viveu um século antes de Cristo, deixou registrada a obra *De Architectura*, no âmbito da qual define seus princípios conceituais para a construção. São eles: solidez, utilidade e beleza – ou *"firmitas"*, *"utilitas"* e *"venustas"*.

Para além de se configurar como uma retomada dos clássicos e combater teorias consideradas errôneas ou insuficientes, o Renascimento foi um período em que se buscou transformar os quadros da própria inteligência e desmantelar determinada postura intelectual. Esse desmantelamento é devido a um conjunto de fatores, de acontecimentos e dos próprios sujeitos sociais que faziam parte da Península Itálica. A gênese de uma nova atitude intelectual (GARIN, 1996, p. 9), que se tornaria o marco significativo para dar vazão a uma forma original de pensar diante do mundo em que se vivia, teve suas raízes fundadas no contexto sociocultural em que um conjunto de consciências foi se engendrando (BURKE, 2010, p. 211-242).

O contexto que favoreceu a mudança em relação ao quadro eclesiástico de pensamento é o que interessa discutir neste tópico, porque mostra o lugar da sociedade (e da cultura), ou do desenrolar da vida, na proposição do conhecimento, bem como a possibilidade de criação de outros contextos para que ele se desenvolvesse. Ao mesmo tempo, traz indícios que assinalam a sustentação da ciência moderna em bases muito mais complexas do que aquelas que o discurso científico faria supor.

Assim, a seguir, apresentam-se os elementos que fizeram da Itália o ambiente potencialmente capaz de provocar uma transformação em relação à lógica de entendimento pontifícia, ressaltando-se aspectos da vida civil que foram decisivos na formação de um conjunto de consciências capazes de fomentar novas ideias a respeito do mundo e inaugurar o período conhecido como Modernidade.

Após isso, dedica-se a discutir os aspectos da renovação científica moderna, enfatizando que o método e o ideal de cientificidade, desenhados a partir de então, apresentaram e apresentam um papel, senão secundário, ao menos parcial no fazer científico. Traçando uma perspectiva de entendimento que vai de Cusa a Galilei, busca-se ponderar sobre a validação e legitimação do conhecimento científico, problematizando sua suposta neutralidade e objetividade para situá-lo no âmbito do fazer humano arraigado socioculturalmente. Não obstante, como se tenta mostrar ainda no tópico em questão, os dogmas da ciência foram forjando-se e criando a aparência de que a verdade estaria dada se eles fossem seguidos. Resumidamente, trata-se, neste tópico, da negação da experiência como parte do processo de produção de conhecimento; da matematização da natureza, entendida como um objeto que pode ser plenamente compreendido mediante sua tradução em caracteres geométricos; da ideia de que um método, passível de ser aplicado por quaisquer sujeitos, que carregariam em si as categorias essenciais do pensamento, matemático, é claro, levaria ao mesmo e absoluto conhecimento.

Ao sujeito de conhecimento, dedica-se uma parte, a fim de realizar algumas considerações que buscam mostrar seu afastamento em relação à própria vida, o que só poderia ser feito na consideração de um conhecimento que fosse, ele próprio, apartado dela.

Uma vez que se compreende que a produção de conhecimento está relacionada e implicada na própria condição de vida que vamos tendo, com o mundo e com os outros, os quais também produzem contextos que vão engendrando com eles novas explicações, têm-se os elementos necessários para se alegar que as possibilidades de conhecer não se esgotam na busca pelo atendimento à idealização científica, mas na consideração de critérios de coerência compartilhados e que imprimam algum sentido aos fenômenos que pretendem explicar.

### 1.1.1 Aspectos socioculturais na vida civil renascentista: consciências e condição humana deificada

A Itália do início do século XV ainda não era nem uma unidade social, nem cultural, embora alguns homens educados compartilhassem a língua toscana. Todavia, o conceito de Itália já existia atrelado à sua condição geográfica. Tratava-se de um espaço peninsular constituído por um quinto de território montanhoso e três quintos de território acidentado, e o que restava servia ao campo e às cidades. A população campesina era estimada em cerca de 9 a 10 milhões de habitantes, e a população urbana, em 20 mil para cada cidade existente[5] (BURKE, 2010, p. 9-11). Entre essas cidades estavam Florença, Gênova e Veneza, que desempenharam papel de destaque no comércio dos séculos XII e XIII, servindo de intermediárias entre o Ocidente e o Oriente. Elas funcionavam em regime de república, apesar de, no final do século XIII e início do século XIV, algumas terem perdido sua independência. A despeito disso, como destaca Burke (2010, p. 9), "a tradição do modo de vida urbano e a população leiga educada sobreviveram". A população leiga educada, relativamente numerosa, vivendo em contextos urbanos com alto grau de autonomia, ligada a uma Itália em permanente transformação de regimes e modos de vida, fomentou as condições para

---

[5] De acordo com Burke (2010, p. 9), cerca de 23 cidades do centro e do Norte da Itália tinham essa estimativa populacional.

que fosse possível questionar a organização política e social, a estrutura das cidades, as condições de agir, ser, pensar e de planificar o mundo e o próprio futuro humano (GARIN, 1996, p. 57-80).

Nessas circunstâncias, nota-se o aparecimento e a ampliação de um conjunto de consciências que se tornaram cada vez mais comuns entre os italianos. Essas constituiriam os argumentos necessários para fazer frente à verdade imutável defendida e difundida pela linha de raciocínio eclesiástica. Burke (2010) apresenta esse conjunto de consciências e os detalhes de suas manifestações entre os moradores das cidades, sustentando que, diante do quadro social que se apresentava, era impossível manter a devoção aos preceitos medievais. São elas: a "consciência da maleabilidade", "a consciência das diferenças em relação ao *status* social" e a "consciência da estrutura da sociedade".

A "consciência da maleabilidade" revelou-se com a constatação de que se vivia na Itália tanto em regimes de república quanto em principados (BURKE, 2010, p. 229), o que favoreceu o desenvolvimento de uma consciência maleável a respeito dos sistemas político e social. Como podia ser verificado no desenrolar da vida cotidiana, esses sistemas não tinham apenas uma possibilidade de existir, porquanto não podiam ser considerados dados exclusivamente por Deus, mas constituídos pelos seres humanos. Uma vez que eram construídos, poderiam ser refeitos ou transformados.

No que diz respeito ao sistema social, uma expressão pungente de sua configuração renascentista pode ser encontrada na arquitetura, que provocou alterações significativas na conformação das cidades e pela qual se acreditava que a vida em sociedade poderia ser alterada (GARIN, 1996, p. 58; BURKE, 2010, p. 225). Garin (1996, p. 70) sustenta que, já no século XV, muitas cidades italianas, onde novos grupos chegavam ao poder, passaram por um processo de reorganização para dar conta de demandas relativas ao comércio, à atividade bancária, à indústria e às novas formas de administração. Mas, além disso, destaca que, na idealização das cidades, as construções correspondiam organicamente "às necessidades dos cidadãos, ao seu governo, à justiça, à educação, à formação dos artesãos, às exigências da defesa, ao tratamento das enfermidades, aos exercícios ginásticos" (GARIN, 1996, p. 76). Mais do que ser apenas uma cidade ideal planificada, tratava-se de uma cidade real, racional, que, a partir de um projeto exequível, poderia ser desenvolvida.

Acompanhando uma consciência maleável relativa à política, às suas instituições e à sociedade, estava a "consciência das diferenças no *status* social" que, segundo Burke (2010, p. 226), se revelava excepcionalmente aguda. O detalhamento no vocabulário utilizado para a descrição desse *status* evidencia a solidez dessa consciência. Diferentemente do que descrevia a Igreja, isto é, que a sociedade era composta por três grupos — os que realizavam, os que lutavam e os que trabalhavam a terra, cada qual desempenhando a função para a qual foi predestinado —, os moradores das cidades entendiam que o modelo de sociedade era bem mais complexo. Este não era dado por funções, mas por *generazioni* (graus), "e provavelmente se desenvolveu a partir da classificação dos cidadãos entre ricos, médios e pobres, com fins de pagamento de imposto" (BURKE, 2010, p. 226). Em Florença, as expressões *popolo grosso* (povo gordo) e *popolo minuto* (povo miúdo) eram de uso comum, assim como um termo que pode caracterizar uma classe média, *mediocri*, encontrada facilmente no léxico da época.

Nesse contexto, ganhava cada vez mais espaço a "consciência da estrutura da sociedade" (BURKE, 2010, p. 227) e de estruturas potencialmente diferentes desta. No que diz respeito às discussões sobre a definição de nobreza, acreditava-se que ela não poderia ser pensada somente em relação ao nascimento, mas deveria estar baseada no valor pessoal. Os grupos formados por banqueiros, ricos comerciantes e bispos, também conhecidos como mecenas, gozavam do mesmo prestígio social da nobreza de sangue, como príncipes e condes. Podiam ser comprados, inclusive, títulos de nobreza. Não era, portanto, condição *sine qua non* para ser considerado nobre pertencer a uma linhagem supostamente nobre.

Nesse âmbito, em que se percebe um refinamento da consciência, tornou-se cada vez mais ordinário questionar aquilo que era tido como verdadeiro, tanto em relação à configuração sociopolítica quando em relação às perguntas mais elementares que envolviam a vida terrena: Quem somos? De onde viemos? Para onde iremos? Não havia acordo entre os membros das cidades sobre as respostas que buscavam apresentar. Conforme argumenta Garin (1996, p. 93), no cenário descrito, fervilhavam ideias divergentes. A maior unidade entre elas talvez recaísse sobre a contestação da Igreja em um primeiro momento e, posteriormente, do aristotelismo, que ajudava a sustentá-la com seus argumentos metafísicos. Apesar das divergências, os diferentes pontos de vista eram tomados como temas a serem pensados e levados para o debate.

Às circunstâncias socioculturais e às crescentes consciências que dela advieram, agregou-se a construção de uma visão de homem baseada na ideia de *humana conditio* (condição humana), empregada como sinônimo de dignidade. A partir daí, uma confiança crescente no homem passa a se apresentar, a ponto de ser ele tomado como *homo deus* (homem-deus). "Divino", "heroico", "deuses mortais", "belo" etc. são adjetivações que se tornaram parte da percepção corrente (BURKE, 2010, p. 234-236). Vale ressaltar que tal imagem não era marcada apenas pelo masculino. De acordo com Doren (2012, p. 161), ao se utilizar a expressão *homem renascentista*, estava-se referindo a uma pessoa, homem ou mulher, de muitos feitos. Matteo Badello utiliza a expressão "gloriosa heroína" para se referir à Isabella d'Este, e Agostino Nifo, ao defender que "nada devia ser chamado belo, exceto o homem", se refere a Joana de Aragão (BURKE, 2010, p. 234-236). *Hamlet* (1599-1601), de William Shakespeare, bem sintetiza essa percepção renascentista[6] do homem divino: "Que maravilha é o homem! Quão nobre a sua razão! Infinita a faculdade! Que expressão de forma e movimento! Que admirável em ação! Como um anjo na compreensão! Como um deus! A beleza do mundo! A perfeição entre os animais!" (DOREN, 2012, p. 176).

A condição humana deificada fora o mote para que o próprio ser humano, com argumentações que partissem de si em sua relação com o mundo, pudesse responder as perguntas que levantava. Endossadas pela imagem do homem como animal prudente, racional e calculista, comum na Itália do Renascimento, criaram-se as condições para que fossem apresentadas explicações cada vez mais contundentes a respeito do ser no mundo.

De acordo com Burke (2010, p. 236), o conhecimento dos números era relativamente difundido e ensinado nas escolas de ábaco que existiam em várias cidades. Além disso, o hábito de cálculo era prioritário para vida urbana italiana. *Ragione* (razão) e *ragionevole* (razoável), aliadas a uma mentalidade numérica crescente, tornaram-se, então, o centro a partir do qual se produziam os debates mais dilatados em torno do conhecimento. Não tardaria até que teorias amplamente elaboradas ganhassem cada vez mais eloquência.

A possibilidade de discutir, de dizer uma verdade diferente, mudou *an intellectual atitude* (GARIN, 1996, p. 9) e foi imprescindível para fomentar uma mudança de abordagem sobre o que era conhecido e a forma de se conhecer. De modo geral, como destaca Burke (2010), os italianos do

---

6   Digna de ênfase é a expansão e influência do Renascimento italiano para diferentes lugares da Europa, entre os quais a Inglaterra (DOREN, 2012). "Partia-se da Alemanha para ali aprender as ciências e as artes, e as 'novidades' florentinas eram esperadas e lidas em Paris, pelos doutores da Sorbonne, como um novo evangelho" (GARIN, 1996, p. 85).

Renascimento viviam em um "universo mental" que era mais animado do que mecânico, mais moralizado do que neutro e mais organizado em termos de correspondências do que de causas. A diferença fundamental entre esse universo em relação ao medieval era que, em vez de propagar uma visão de mundo única, trouxe à tona a possibilidade de emergirem diferentes visões de mundo, que se tornariam um estímulo à inovação intelectual.

"Parece ser o caso de se falar em pluralismo nas visões de mundo da Itália do Renascimento" (BURKE, 2010, p. 242). No âmbito desse pluralismo, fizeram-se presentes a inovação e a invenção que se encontram na vida e na obra dos "filósofos naturais", os quais deram conformação, entre as visões de mundo possíveis naquele momento, a algumas que se tornariam bastante fecundas na nova paisagem de conhecimento que se abria. Entre elas, a construção da teoria heliocêntrica defendida por Cusa, Copérnico e, finalmente, por Galilei. A partir da obra deste último, seguida de outras grandes obras em diferentes áreas, concatenaram-se as perspectivas e esperanças de quem se dedicara a apresentar uma nova leitura de mundo para a sociedade. Nesse contexto, tentou-se incorporar conhecimentos alternativos ao saber estabelecido e sustentar a mudança no quadro de pensamento.

Como se buscou mostrar neste tópico e busca-se aprofundar adiante, os elementos que se conjugaram para construção da renovação cientifica foram tecidos no movimento renascentista, ligados, portanto, às situações nas quais passou a existir. No entanto, contraditoriamente, ao enfatizar e asseverar a construção de um conhecimento novo, foi-se deixando de lado essa conjugação, tão fundamental para o entendimento da produção de conhecimento, notadamente aquele que recebe a alcunha de científico moderno. Criou-se, no lugar dela, a alegoria da ciência pura, neutra, universal, a-histórica e metódica, capaz de perscrutar os mais recônditos segredos do mundo, apontando para uma dogmatização cujos reflexos ainda hoje se fazem sentir.

Resgatar os pressupostos de um conhecimento científico que se construiu na esteira do Renascimento é o que se pretende com o próximo subtópico. Fundamentando-se em um raciocínio que se desenvolve tendo como pano de fundo as especulações que levaram à proposição da teoria heliocêntrica do universo, intenta-se mostrar como, para fazer valer tal teoria, houve a paulatina construção de argumentos que pudessem sustentá-la e que não estavam isolados em relação às circunstâncias em que se vivia. Tal situação parece apontar para, pelo menos, um fator relevante no tocante à ciência: um conhecimento contextual e relacional, atravessado pelas impressões e perspectivas de diferentes sujeitos, construiu-se naquela época e vem se construindo na atualidade. Resta-nos compreender por que e onde esse conhecimento foi deixando de ser considerado e como esse afastamento fomentou um discurso sobre o fazer científico cada vez mais dogmático, acentuando o desprezo por quaisquer outras formas de conhecer, tomadas como inferiores a ele, como se estas também não fizessem parte de sua constituição.

### 1.1.1.1 A renovação científica e os dogmas da ciência: suas dobras e vieses, seus sujeitos e contextos

> *A ciência não é científica. Sua realidade é multidimensional. [...] A ciência é, intrínseca, histórica, sociológica e eticamente, complexa. É essa complexidade específica que é preciso reconhecer*
> *(Morin, 2010, p. 9-10)*

A renovação científica que desembocou na ciência moderna, herdeira da possibilidade de expandir o universo do pensamento, teve sua centelha na vida civil renascentista. No pluralismo de ideias nela presentes, teorias explicativas sobre o mundo foram engendradas (PORTUGAL, 2008, p. 65; MORIN, 2010, p. 8). Desde a botânica, passando pela zoologia, ciência médica, química, física e matemática, são perceptíveis mudanças significativas. Entretanto, é no campo da astronomia que se sentiram as transformações mais emblemáticas, que afetariam não só a astronomia propriamente dita, mas também repercutiria de maneira profunda no campo da religião, da filosofia e do pensamento ocidental, considerado a partir de então (RONAN, 2001, p. 23-64). Na figura de três pensadores, Cusa, Copérnico e Galilei, é possível traçar uma perspectiva de entendimento que auxilia a compreender, primeiro, a natureza dessas transformações e, segundo, suas características mais expressivas. Com isso, busca-se mostrar como o conhecimento foi sendo produzido por eles, atrelado a um conjunto de fatores que não dizem respeito somente à pretensão neutra de verdade.

Quando Nicolau de Cusa, ainda no século XV, foi estudar direito canônico na Universidade de Pádua, entrou em contato com uma série de discussões promovidas pela Renascença e com os textos clássicos evocados por ela. Seu interesse pela ciência fê-lo questionar a lógica formal aristotélica, segundo a qual a validade de um raciocínio depende mais de sua forma ou estrutura do que de seu conteúdo. Ao propor seu estudo sobre o universo, Cusa rejeitou a ideia de que a Terra era o centro de todas as coisas e que se encontrava em estado permanente de repouso, trazendo à tona a concepção de que ela se movia. Não teve, porém, sucesso em sua argumentação, pois não encontrou eco entre os astrônomos da época, que ainda estavam tentando dar legitimidade às explicações ptolomaica-aristotélicas, que a defendiam imóvel e centro do universo (RONAN, 2001, p. 64-66).

Seria outro Nicolau, Copérnico, o responsável, no início do século XVI, por retomar a crítica a uma Terra central, com um raciocínio mais plausível. Ressalte-se que, nesse interstício, outros pensadores haviam criticado os antigos gregos, afirmando que deveria ser feita uma revisão de suas posições em relação à Terra. Copérnico, em seu livro *Das revoluções dos corpos celestes*, publicado em 1543, propõe, então, a teoria heliocêntrica:

> Imóvel, no entanto, no meio de tudo está o Sol. Pois nesse mais lindo templo, quem poria esse candeeiro em outro ou melhor lugar do que esse, do qual se pode iluminar tudo ao mesmo tempo? Pois o Sol não é inapropriadamente chamado por alguns povos, de lanterna do universo, de sua mente; por outros; e de seu governante; por outros ainda. [Hermes] o Três Vezes Grande chama-o de um deus visível e Electra, de Sófocles, de onividente (*apud* RONAN, 2001, p. 68).

Muitos pontos de sua teoria, no entanto, permaneceriam em aberto. Ora, se a Terra realmente se movesse, deveria haver algum indício dessa ocorrência, como uma mudança anual na posição das estrelas. Copérnico, para resolver essa questão, sustentou que "a esfera das estrelas (na qual ainda acreditava) estava tão distante que a mudança não era perceptível" (RONAN, 2001, p. 61). Outra objeção em relação à teoria copernicana dizia respeito a um problema que acompanhara os cientistas clássicos desde a Antiguidade[7], qual seja, o de que uma Terra em movimento estaria sujeita a temporais, ondas de marés e, portanto, colapsaria. Sobre esse aspecto, Copérnico tentou arguir propondo que a Terra estava em um movimento perpétuo, em círculo, ao redor do Sol, mas não conseguia apresentar confirmação para isso, o que exigiria novas concepções relativas ao movimento.

---

[7] Alguns autores sustentam que, mesmo antes de a ciência moderna se estabelecer, entre os antigos, já se podia considerar a existência de uma ciência (DOREN, 2012; GIMÉNEZ; NISTAL, 1999). Pelas argumentações que estão sendo desenvolvidas neste trabalho e problematização do conhecimento científico moderno que se propõe, concorda-se com essa perspectiva.

PARA UMA EPISTEMOLOGIA DA EDUCAÇÃO ESCOLAR: CAMINHOS DE UMA ATITUDE ETNOGRÁFICA

Tanto o fato de que o movimento terrestre acontecia, quanto a ideia de que, apesar disso, o planeta não entrava em colapso, foram pensamentos que seriam retomados no seio das observações realizadas com o auxílio de instrumentos como o telescópio, na construção de uma física que sustentasse que os corpos se movimentavam em função de alguma lei universal diferente daquela proposta por Aristóteles. Caberia a Galileu Galilei e aos cientistas que o sucederam, sobretudo Isaac Newton, produzir uma ciência que desse às especulações de Copérnico definição e sentido de verdade. De acordo com Ronan (2001, p. 72):

> A teoria copernicana foi um produto típico da especulação renascentista, e talvez seu ponto culminante. Demonstrou como, tendo se preparado para derrubar ideias preconcebidas e doutrinas aceitas, era possível chegar a uma nova síntese e formular uma visão totalmente nova da natureza.

A nova orientação copernicana sobre a Terra, acompanhada de outras obras desenvolvidas no mesmo período — como *De humani corporis fabrica*, de Andreas Versálio, sobre o corpo humano[8]—, contribuíram para a expansão dos modos pelos quais o homem moderno enfrentaria sua ciência e promulgaria seu afastamento do contexto na qual ela se produz.

Nesse ponto, é possível ressaltar a primeira marca distintiva colocada sobre o conhecimento na construção do dogma científico: seu total afastamento da experiência da vida, ligado a uma noção de apreensão do mundo que pressupõe a neutralidade da observação. Pode-se considerar que se inicia, assim, o processo de idealização do conhecimento em relação às situações aos quais está atrelado. Nesse sentido, vale enfatizar que as observações e validações que imperariam a partir da renovação científica, no que se refere teoria heliocêntrica e a outras, tiveram como base alegações e especulações que anteciparam aquilo que poderia ser encontrado no grande livro da natureza, conforme defendia Galilei (GARCIA, 2008, p. 17-19). Tiveram como base, portanto, a experiência de outros e as construções que fizeram a partir dela.

O próprio Copérnico, ao cogitar o movimento da Terra, fez ressurgir os juízos de alguns filósofos gregos. Ele sabia que, entre os tais, haviam

---

[8] Quando Versálio (1514-1564) abandona a leitura de Galeno para tentar compreender o corpo humano, passando a dissecá-lo, encontra inúmeras características diferentes em relação à perspectiva galeneana. Versálio descobriria que Galeno jamais realizou uma dissecação, porque os costumes gregos de sua época não permitiam. Assim, suas conclusões sobre o corpo humano eram derivadas da dissecação de alguns animais, como bois e macacos, e das cirurgias que realizava. Depois da obra de Versálio, estava fundada uma nova tradição no que diz respeito ao estudo da anatomia. Os anatomistas passaram a confiar apenas em suas observações para derivar seu entendimento sobre o corpo.

sugerido "que a Terra se movia, e achava que um ponto de vista mais correto, que incorporasse o movimento verdadeiramente absoluto, poderia surgir se o Sol fosse colocado no centro do universo" (RONAN, 2001, p. 67). O mesmo se pode dizer de Galilei em relação à teoria copernicana. Garin (1996, p. 152) afirma que sua adesão à teoria de Copérnico, além de ser a aceitação de uma hipótese astronômica, é, sobretudo, o acolhimento de uma visão de mundo: "a tese de Copérnico é, para ele, não uma hipótese matemática capaz de 'salvar' os fenômenos, mas uma visão da realidade fora dos quadros mentais do aristotelismo", um novo modo de considerar as relações entre o homem e as coisas, o céu e a terra.

A admissão de uma hipótese geral sobre o sistema do mundo transformou o pensamento de Galilei, de maneira que, a partir dele, passou a se ponderar sobre as causas dos fenômenos naturais, os quais não poderiam ser aventados da forma como a física peripatética[9] e os pressupostos metafísico-escolásticos buscavam apoiar (GARIN, 1996). A partir disso, o cientista filósofo Galileu Galilei começou a desenvolver o método que daria à ciência moderna a idealização a respeito de sua conformação: uma observação detalhada da realidade, a formulação de hipóteses, a experimentação, sua tradução em linguagem matemática e, doravante, a constituição de um saber supostamente universal (GARCIA, 2008; PORTUGAL, 2008). Seguindo esse caminho, acreditou que teria condições de encontrar respostas a todas as perguntas que fizesse, independentemente do tempo e do espaço em que elas ocorressem e dos sujeitos que as colocassem. Mais um passo estava sendo dado rumo à montagem do dogma científico: além de seu afastamento em relação à experiência da vida, a linguagem plena, capaz de traduzir o conhecimento do mundo, seria a da matemática, e a análise dos corpos da natureza deveria considerar apenas suas características observáveis, objetivas, mensuráveis e quantitativas. Conforme Galilei:

> A pedra, a mais irregular, possui uma forma geométrica tão precisa quanto uma esfera perfeita. Ela é somente infinitamente mais complicada. A forma geométrica é homogênea à matéria. *A teoria matemática precede à experiência.* Isto implica uma concepção nova da matéria. Ela não será mais o sustentáculo da transformação, mas, ao contrário, suporte do ser inalterado e eterno. A matéria terrestre é elevada, agora, ao nível da matéria celeste. Assim, vemos a ciência nova, a física

---

[9]  Peripatética é a palavra grega para "itinerante" ou "ambulante" e caracteriza o modo de Aristóteles ensinar, isto é, caminhando ao ar livre. A Física Peripatética se refere à física do próprio Aristóteles e dos seguidores de seus ensinamentos (FONTANARI, 2007).

> geométrica ou a geometria física, nascer nos céus, para daí descer à Terra e remontar aos céus" (GALILEI *apud* KOIRÉ, 1992, p. 63, grifos meus).

Enfatize-se que, nessa observação e nas demais características, se tratava de buscar uma presumida essência dos objetos e dos fenômenos, que estaria registrada no mundo em caracteres matemáticos, desprezando-se, assim, quaisquer aparências subjetivas que pudessem ser relacionadas à produção da ciência.

A teoria matemática passa a se impor sobre a experiência, e a razão matematizante toma a primazia sobre os fenômenos naturais (PORTUGAL, 2008, p. 66). A ciência, que queria enxergar os fatos do mundo no grande livro da natureza, começa a fazê-lo de um ponto de vista geométrico, reduzindo-o somente àquilo que a matemática podia dizer-lhe. Escamoteou-se, com isso, as evidências de que a elaboração da ciência muito deve à conexão entre "filósofos" e "literatos", pela qual se construíam ideias gerais bastante fecundas; "foram também esquecidas as contribuições efetuadas por elucubrações místico-mágicas para formulação de hipóteses" (GARIN, 1996, p. 15); não se deu a devida importância ao fato de que a evolução da retórica foi fundamental para o desenvolvimento da própria matemática, da lógica e das ciências naturais; deixou-se de lado a contribuição de técnicas artesanais etc.

Essa conjuntura, que inicialmente esteve ligada ao âmbito astronômico, se estendeu a diversas áreas, de maneira que a química, a física e a biologia passaram a perseguir os mesmos preceitos em relação à construção de conhecimento. Quando as ciências humanas começaram a adquirir forma, foi nessa esteira que desenvolveu seus estudos, deitando semelhante perspectiva sobre a humanidade e buscando nela características, leis e regularidades matematizantes (FELIPPE, 2008).

> A tentativa de enquadrar o homem à semelhança dos fenômenos da natureza visando a um estudo objetivo se situa não só no plano de uma visão de mundo naturalista, formal, matematizável, mas no próprio sucesso prático que a ciência assim desenvolvida fazia aparecer (FELIPPE, 2008, p. 169).

De acordo com a tese de que era possível proceder a tal enquadramento, muito mais do que tentar compreender os seres humanos segundo as convicções presentes na matematização da vida em seus mais variados matizes, caminhou-se para a instauração da imagem pública do sujeito de conhecimento, o que traria consequências não só para o campo do conhecimento de um modo geral, mas também, e sobretudo, para os sujeitos sociais, que passaram a ter de viver sob a égide de um mundo que seguia e buscava impor os dogmas da ciência (SENNA, 2007; PATTO, 1999).

O terceiro aspecto desse dogma pode ser agora considerado: o estabelecimento da figura de um sujeito de conhecimento único e universal. Sustentada na imagem do que compreendemos ordinariamente como sujeito cartesiano, essa ideia definiu os critérios segundo os quais os sujeitos sociais, quaisquer que fossem, chegariam à plenitude do conhecimento pela utilização de um método passível de ser aplicado por todos, a despeito de suas vivências, o qual consistia em duvidar, dividir, analisar e revisar. Duvidar e nunca aceitar algo que não se comprovasse, ou que se conhecesse apenas pelos livros ou pela fala de outrem. Proceder à divisão dos objetos de análise em tantas partes quantas fossem possíveis, a fim de melhor compreendê-las. Analisar o objeto dividido partindo de seus elementos mais simples para os mais complexos. Finalmente, revisar o trabalho realizado para ter certeza de que nada estava sendo omitido ou abandonado (DESCARTES, [1637] 2011).

Chegar à verdade seria somente uma questão de aplicação correta do método, uma vez que se passou a considerar que esta existia como essência em cada sujeito. Conforme Kant (2001, p. 39), a todos os homens é dada a mesma capacidade de conhecer o mundo, porque trazem, em sua essência, que precede a experiência, as categorias elementares para compreendê-lo. "Pois onde iria a própria experiência buscar a certeza, se todas as regras, segundo as quais progride, fossem continuamente empíricas e, portanto, contingentes?" (KANT, 2001, p.39). Para ele, os princípios puros do conhecimento humano (as categorias essenciais do pensamento) são aqueles que encaminham à verdade. Segundo suas alegações, se tirarmos de nossos "conceitos de experiência" de um corpo tudo o que nele é empírico (a cor, a rugosidade, a maciez, o peso e a própria impenetrabilidade), restará o espaço que esse corpo ocupa e não pode ser eliminado. Retirando, portanto, de qualquer objeto de conhecimento a experiência que temos dele, isto é, todas as qualidades que a experiência nos ensinou, restará apenas a substância, a sua essência, que não é passível de descarte. "Obrigados pela necessidade com que este conceito se vos impõe, tereis de admitir que tem sua sede *a priori* na nossa faculdade de conhecer" (KANT, 2001, p. 39).

> Quando Galileu fez rodar sobre um plano inclinado com um determinado grau de aceleração as bolas cujo peso havia determinado, pode-se dizer que para os físicos nasceu um novo dia. Compreendeu-se que a razão só descobre aquilo

> que ela produziu por ela mesma; que deve avançar adiante com os princípios de seus juízos determinados segundo leis constantes e obrigar a natureza a responder ao que é proposto a ela, ao invés de ser esta última a dirigi-la e manejá-la. Do contrário, não seria possível coordenar, em uma lei necessária, observações acidentais que, ao acaso, foram realizadas sem plano ou direção, quando é isto precisamente que a razão busca e necessita. A razão se apresenta, por assim dizer, levando em uma mão seus princípios, que são os que podem converter em leis os fenômenos que estão de acordo entre si, e na outra, as experiências estabelecidas por esses princípios. Fazendo isto, poderá saber algo dela e, certamente, não à maneira de um escolar que deixa o mestre dizer aquilo que quer dizer, mas como verdadeiro juiz que obriga "os ouvintes" a responder às perguntas que a eles são dirigidas (KANT, 1938, p. 30 *apud* PORTUGAL, 2008, p. 67).

Partindo do entendimento fundamental da essência de um conhecimento definitivamente garantido e apoiado na razão matemática, aprofundando e sofisticando as alegações de Galilei, Kant a considera intrínseca ao próprio sujeito e formaliza a compreensão de que, inerente a quaisquer seres humanos, a verdade está dada. Ao fazer isso, coloca a precedência da razão, apoiada nas categorias essenciais do pensamento, sobre toda e qualquer experiência pela qual se busca dizer alguma verdade.

Para sustentar essa proposição, Kant distingue duas verdades ligadas ao conhecer, relacionando à primeira o conhecimento certo e seguro. São elas: a analítica e a sintética[10]. A verdade analítica deriva da lógica e fomenta proposições que não dependem nem da observação, nem da experiência: dois mais dois serão sempre quatro e os ângulos de um triângulo sempre somarão 180 graus, por exemplo. A verdade sintética, por sua vez, encontra na observação e na experiência alguns dados importantes para sua formulação, podendo sofrer alguma alteração quando um novo dado surge: consideramos que todos os cisnes são brancos, até que nos deparamos com a existência de um cisne negro; a partir disso, outra proposição sobre os cisnes precisa ser formulada. Não podemos, porém, ponderar sobre a existência de um triângulo de 181 graus, ou uma soma em que dois mais dois sejam cinco, porque isso seria um contrassenso.

---

[10] Os dois exemplos que seguem em relação à verdade analítica e a verdade sintética baseiam-se na leitura que Isaacson (2014, p. 100-101) fez a respeito das preocupações de Einstein sobre o conhecimento, para o qual as explicações kantianas por algum tempo tiveram valor de verdade, mas logo em seguida seriam por ele descartadas.

Einstein diria, sobre a rígida distinção proposta por Kant, que "os objetos com que lida a geometria não parecem ser de um tipo diferente dos objetos da percepção sensorial. Hoje todos sabem, claro, que os conceitos mencionados não contêm nada da certeza, da necessidade inerente que Kant atribuía a eles" (EINSTEIN, 1944, 1954 *apud* ISAACSON, 2014, p. 100-101). Os conceitos têm relação com a construção subjetiva do mundo. Nesse sentido, vale destacar que um triângulo só tem a soma de seus ângulos resultando 180 graus no âmbito da explicação de Euclides. Na geometria não euclidiana ou em um espaço curvo, tal proposição se mostra insustentável, pois, nesse espaço, sua soma pode sofrer variação de acordo com a curvatura do referencial utilizado.

Com a construção do dogma científico, acompanhamos os feitos e efeitos de uma ciência que se tornou cada vez mais incisiva no tocante ao discurso sobre seus dogmas, embora seu fazer aponte para modos de constituição muito mais complexos. Até aqui, buscou-se salientar que a produção de conhecimento, no seio da Modernidade, é o resultado do imbricamento dos sujeitos com o mundo na tentativa de explicação deste mundo; da relação entre a experiência e o postulado que se propõe; da interferência desses fatores na proposição do método de estudo que se apresenta, antes, como um caminho sendo construído do que como uma técnica sendo aplicada (MORIN, 2003).

Levando em conta essa perspectiva, no tópico seguinte, tensiona-se essa discussão, tentando, ao mesmo tempo, ampliá-la com a problematização de mais alguns elementos, dando ênfase aos sujeitos de conhecimento. Assim, sua principal preocupação consiste em mostrar a existência de sujeitos que conhecem alheios ao sujeito cartesiano, considerando-os no âmbito do próprio fazer científico. Além disso, nele se apresenta uma produção de conhecimento que se assume na tessitura conjunta de sujeito a sujeito com os objetos, ou quase-sujeitos, que permeiam os mais variados contextos em que tal produção acontece (BRANQUINHO *et al.*, 2016).

Ao propor essa reflexão em um trabalho que tem como objetivo tratar de uma epistemologia da educação escolar, intenta-se subsidiar a possibilidade de sua realização e legitimação no próprio campo do conhecimento na atualidade. Este, longe de caber nos dogmas que o discurso cientificista procurou referendar, se fez e se faz com os outros, devendo ter como princípio o compromisso ético-político com os sujeitos sociais que constituem o contexto sociocultural em que se constrói.

## 1.2 A ciência sem esconderijos e seus sujeitos plurais

Mariotti (2011) afirma, em prefácio ao livro de Humberto Maturana e Francisco Varela, intitulado *A árvore do conhecimento: bases biológicas para a compreensão humana,* que, desde o Renascimento, o conhecimento, em suas mais variadas formas, tem sido tomado como a representação fiel de uma realidade independente de quem a conhece, ou independe do entendimento do sujeito que busca conhecê-la. Afirma, ainda, que a proposta central dessa perspectiva é a de que o conhecimento está relacionado às representações mentais que fazemos do mundo, porque ele já está dado. Contrariando essa ideia, o autor declara: "Vivemos no mundo e por isso fazemos parte dele; vivemos com outros seres vivos e, portanto, compartilhamos com eles o processo vital. Por sua vez, ele também nos constrói ao longo dessa viagem comum" (MARIOTTI, 2011, p. 9-10).

O mundo, ainda segundo Mariotti (2011), não é anterior à nossa experiência. A nossa trajetória de vida faz-nos construir o conhecimento do mundo em uma situação na qual somos sempre influenciados e modificados pelo que vemos e sentimos, ainda que não percebamos. Para o autor, construímos o mundo ao mesmo tempo que somos construídos por ele, e "como em todo esse processo entram sempre outras pessoas e os demais seres vivos, tal construção é necessariamente compartilhada" (MARIOTTI, 2011, p. 11).

O ser humano é também parte do mundo, e uma das formas de fazer com que ele se veja como tal é a observação de si, em paralelo à observação do mundo. Isso permite compreender que, entre o ser humano e o mundo, não há nem separação, nem hierarquia, mas, ao contrário, "cooperatividade na circularidade" (MARIOTTI, 2011, p. 14).

Outro ponto que Mariotti (2011) ressalta nessa compreensão do conhecimento é que, a despeito de nossa extrema dificuldade em reconhecer os aspectos subjetivos e qualitativos da sua produção, eles estão presentes. Tanto a subjetividade quanto a objetividade, assim como a qualidade e a quantidade, são indispensáveis ao conhecimento e, portanto, à ciência. Arremata essa proposição com as seguintes palavras: "Parece incrível, mas muitas pessoas (inclusive cientistas e filósofos) imaginam que o trabalho científico deve afastar de suas preocupações a subjetividade e a dimensão qualitativa – como se a ciência não fosse um trabalho feito por seres humanos" (MARIOTTI, 2011, p. 15).

O autor é assertivo quando diz ser possível encontrar, entre cientistas e filósofos, quem sustente uma ciência que consegue manter apartada de si aspectos relacionados à subjetividade, como é o caso de Galilei, Descartes, Kant e outros que endossaram seus pensamentos É assertivo também, robustecendo essa declaração, quando indica que, há longuíssima data, tem sido pensada uma realidade cujos aspectos relativos à experiência estejam fora daquilo que se diz sobre ela. Uma realidade que existe e pode ser explicada mediante uma observação objetiva, metódica e neutra.

Na contramão desse entendimento, fazendo um esforço de desconstrução a respeito dele e buscando assumir em seus trabalhos aquilo que o dogma científico escamoteou[11], encontra-se uma série de outros/as cientistas e filósofos/as, que nem sempre partem de um mesmo ponto de reflexão em relação ao pensamento que expõem e às pesquisas que propõem, mas que têm em comum o empenho na desmistificação da ciência como um saber puro, verdadeiro, a-histórico, que impetra uma separação definitiva entre sujeito e objeto, natureza e cultura, científico e popular. Ferdinand Gonseth (1973, 1975), Humberto Maturana (2001), Boaventura de Souza Santos (1988), Branquinho *et al.* (2016) estão entre aqueles/as que trabalham no sentido de mostrar que o caminho da ciência não é este.

Esses autores e essas autoras são tomados/as nesta obra, direta ou indiretamente, com o objetivo muito claro de tentar apontar elementos da produção de conhecimento que auxiliam a desmanchar a sustentação de uma ciência que se constitui no respeito aos dogmas presentes em seu discurso, em que pesem as discordâncias que possam ter em relação a um ou outro ponto e levando em conta as, e apesar das, controvérsias que possam existir entre eles[12]. Ao fazer isso, vislumbra-se e referenda-se uma possibilidade de anunciação da produção de conhecimento que é alargada sobremaneira, mostrando que fazem parte dela sujeitos de conhecimento, no plural, com suas experiências de vida e modos de ler o mundo.

---

[11] Becker (1999, p. 22) faz uma observação interessante a esse respeito, tanto no que toca os cientistas naturais quanto os sociólogos, alvo de maior interesse de sua parte. Diz ele: "Sociólogos da ciência mostraram-nos como cientistas naturais trabalham de maneira nunca mencionada em suas exposições formais de método, escondendo 'a prática artesanal' – o que realmente fazem – sob a maneira formal como falam sobre o que fazem. Os cientistas sociais fazem o mesmo, usando um conjunto de truques teóricos aprendidos no cotidiano quando estão realmente fazendo ciência social, em contraposição às ocasiões em que falam sobre teoria".

[12] Não se tem a pretensão, nem de longe, de discutir os pormenores da complexa obra desses autores e dessas autoras, tampouco os conceitos dos quais tratam em profundidade, mas apontar, a partir daquelas elencadas para o diálogo neste livro, o que ajuda a propor uma leitura outra a respeito do conhecimento e que auxiliará na defesa da tese que ele traz. Todavia, quando se identificar alguma necessidade de esclarecimento, esta será feita, nos limites que aqui estão apresentados.

Com Gonseth (1973, 1975), na leitura trazida por Bulcão (2008), Jorge (1985, 1990) e Maturana (2001), no primeiro subtópico, busca-se sustentar a existência de sujeitos de conhecimento para além do arquétipo cartesiano-kantiano. Conforme Bulcão (2008), Gonseth é autor de vastíssima obra, que tem permitido afastar a ilusão de uma ciência estável, resultado de uma apreensão experimental e racional do mundo. Para ele, embora a ciência apresente uma intenção de verdade e de objetividade, ela não é, nunca, inteiramente objetiva, porque traz em si a marca daqueles/as que a constroem.

Maturana (2001), por sua vez, tem seu esforço voltado para mostrar que a ciência é um domínio cognitivo gerado pela atividade biológica humana, e a validação das explicações científicas tem a ver com o fato de que a experiência vai dotando os sujeitos de uma capacidade para fazê-lo de modo coerente e intencionado na práxis científica, a qual não difere nem está dicotomizada em relação à práxis cotidiana de observação e reflexão. Nesse sentido, busca ressaltar o caráter epistemológico e ontológico da produção científica. Seu pensamento, assim como o de Gonseth, passa pelo interior da ciência, de maneira que é nela mesma que procura desenvolver suas argumentações e fazer os apontamentos de uma ciência e um sujeito avessos ao molde universalista.

No segundo subtópico, investe-se na problematização dos dualismos criados pelos dogmas da ciência moderna — sujeito/objeto, natural/artificial, observador/observado, coletivo/individual. Isso é feito mediante considerações de Santos (1988) e na discussão presente em Branquinho *et al.* (2010, 2016), que traz para este trabalho algumas proposições de Latour (1994) a respeito do fato de que modernos não fomos nem somos, posto que a separação entre sujeito e objeto, natureza e cultura jamais ocorreu. Pelo contrário, a partir da Modernidade, agudizaram-se os híbridos de natureza e cultura, que revelam a não diferenciação da ciência em relação às formas de conhecer que não a tem como instrumento de leitura de mundo. Com base no trabalho de Branquinho *et al.* (2010, 2016) intenta-se, ainda, mostrar como é possível assumir, no desenvolvimento mesmo de um trabalho de pesquisa, uma produção de conhecimento alheia à dicotomização, à hierarquização, à separação entre nós e eles; uma produção de conhecimento que se sabe implicada e tecida em redes que se formam entre os sujeitos entre si e os objetos/quase-sujeitos, os quais possuem um papel importante na formulação das explicações sobre a vida, ou na construção de conhecimento sobre a realidade.

Na atualidade, quando ainda buscamos desfazer-nos da idealização científica, dialogar com trabalhos que apresentam essas perspectivas e apresentar um exemplo, como possibilidade, da produção de conhecimento que se entende científica, mas fora dessa idealização, impulsiona a assunção pública de um compromisso ético-político de trazer à tona os sujeitos, os saberes, os espaços que se congregam na apresentação do conhecimento científico. E aí, à nossa voz, aos nossos pensamentos, à nossa construção teórico-conceitual, aos nossos mais variados trabalhos de pesquisa, agregam-se sujeitos de conhecimento com os quais constituímos os sentidos, talvez provisórios, mas consistentes a respeito da realidade que nos circunda e para a qual temos como escopo apresentar alguma explicação. O conhecimento se tece junto, e os modos como procedemos à sua anunciação é que dão o tom de sua validade no contexto da ciência.

### 1.2.1 O sujeito não cartesiano e as teorias científicas: Gonseth, Maturana e outra dimensão da produção de conhecimento

Ferdinand Gonseth, matemático e filósofo suíço que viveu entre os anos de 1890 e 1975, teve, entre suas preocupações, a de se manter firme na defesa da ideia "de uma razão dinâmica e inconstante, de uma racionalidade que se modifica ao longo de sua trajetória de progresso, construindo verdades sempre novas e inusitadas" (BULCÃO, 2008, p. 44).

De acordo com Jorge (1990, p. 320), Gonseth subscreve plenamente a ideia de que é o sujeito que constrói um mundo que, por sua vez, o constrói também, pois, em uma filosofia aberta como a que propõe, "não é possível sequer distinguir nitidamente onde acaba o objeto e começa o sujeito". Jorge ressalta ainda que a distinção gonsethiana entre o abstrato e a experiência não é de essência, mas de tendência. Ela explica: "É que, sendo o conhecimento um devir, num mundo em devir e em que é da aproximação transformadora de um e doutro que a cognição emerge, não seria possível falar dum objeto em si, ou dum sujeito em si como entidades estáticas" (JORGE, 1990, p. 320).

A partir de algumas noções, entre as quais a de referencial, para a qual, segundo Bulcão (2008), Gonseth (1973, 1975) se recusou a dar uma definição precisa, procurando pensá-la antes como coordenadas, o matemático discute como uma atividade sistemática pode inscrever-se na vida do ser humano. Segundo ele, todo sujeito conta com um sistema integrado de referências que o ajuda a se situar no mundo e que orienta seu comportamento:

> O sujeito possui um elã estruturante suscetível de se atualizar através da organização e do modo de funcionamento do referencial. Este não conhece repouso, sua tarefa é estimular a adaptação às transformações, às reestruturações, ligando as informações recebidas por novas estruturas e novos referenciais (BULCÃO, 2008, p. 152).

Para tornar mais simples sua ideia, Ferdinand Gonseth (1975) dá um exemplo com base em uma vivência sua. Em uma viagem de trem de Stansstad para Engelberg (ambas na Suíça), quando seu vagão parou em frente a uma fileira de árvores conhecidas como abetos, ficou surpreso porque seus troncos pareciam, através do vidro da janela, oblíquos. Ao estranhar a situação, perguntou-se se, talvez, naquela região, os abetos não se elevassem verticalmente. Todavia, ao virar um pouco a cabeça, percebeu que o que estava vendo era decorrente da perspectiva de seu olhar. Ao perceber isso, registra que, na parada onde se encontrava, o caminho não era horizontal, o que fez com que momentaneamente se tornasse oblíquo o que era vertical. "Ora, é nesta perspectiva, neste contexto, a partir deste referencial que interpretei as impressões vindas do exterior" (GONSETH, 1975, p. 144-145 *apud* BULCÃO, 2008, p. 152).

> Em qualquer lugar, pelo simples fato de existir, percebemos que estamos comprometidos, seja corporalmente, afetivamente, moralmente ou intelectualmente, não importa onde, a mesma constatação se impõe. Em toda situação, o referencial apropriado preside de forma mais ou menos adequada nossa participação (GONSETH, 1975, p. 35).

No referencial, Gonseth (1975, p. 147 *apud* BULCÃO, 2008, p. 143) mostra o entrelaçamento entre o subjetivo e o objetivo, constituindo o universo da mediação: "Mediador existencial, o referencial realiza um equilíbrio (talvez se possa dizer, um compromisso) entre o subjetivo e o objetivo, um equilíbrio, por vezes, constrangedor, mas, às vezes, como algo capaz de desaparecer ou até mesmo de se aperfeiçoar". Tendo como pano de fundo essa discussão, o filósofo aponta que toda teoria científica é tributária tanto do referencial de seu/sua autor/a quanto dos referenciais científicos, isto é, das noções, dos princípios, métodos etc. que se ligam a ele. Com base nisso também, busca dar sentido à ideia de que a ciência se desenvolve por meio de uma metodologia aberta e de uma abertura à experiência, contrariando o princípio cartesiano de que existe uma evidência mediante a qual se depreenderia, com certeza e segurança, toda cadeia de raciocínio. Ao mesmo tempo que faz isso, aponta para a constituição de uma produção de conhecimento na qual necessariamente o sujeito está implicado, sem que haja alguma categoria essencial do pensamento que lhe permita realizá-la.

Em Gonseth (1975), a metodologia aberta, conforme Bulcão (2008), pressupõe que todo conhecimento é resultado de um tratamento coerente de protocolos de experiências, e é isso que faz com que haja uma dinâmica de renovação do saber e faz da ciência, portanto, um conhecimento sempre incompleto. Fundamentando-se em quatro princípios, o pensador apresenta uma estratégia geral de compromisso com a experiência. Isso não significa que sejam princípios baseados na razão, tampouco que tenham relação com a experiência matematizante kantiana. Eles são, isso sim, princípios que mostram a implicação da experiência na construção científica. São eles: os princípios da revisibilidade, da dualidade, da integridade e da tecnicidade.

O **princípio da revisibilidade** expressa o direito que o/a pesquisador/a tem de rever todo conhecimento cuja validade tenha sido abalada pela pesquisa que realizou. Tal revisão, para ser feita, no entanto, precisa ocorrer por meio dos referenciais adotados. O **princípio da dualidade** postula que os diversos tipos de conhecimento agem uns sobre os outros, revelando sua interdependência, apesar das distinções entre eles. "A dualidade sublinha a profunda solidariedade entre os planos do conhecimento, evitando a tentação de reduzir o saber a bases puramente lógicas ou a fatos puramente experimentais" (BULCÃO, 2008, p. 140). O **princípio da integralidade** afirma que nenhum conhecimento pode ser independente dos conhecimentos realizados em outras ciências. E, finalmente, o **princípio da tecnicidade** mostra que a ciência é um instrumento de progresso técnico, e esta mesma técnica faz também progredir a ciência. Para Gonseth (1975), são justamente esses princípios que fazem emergir uma metodologia aberta, pela qual a ciência não é considerada a verdade absoluta sobre as coisas. Em vez disso, a toma como idônea, no sentido de que é adequada, o que a torna mais flexível e ágil, mais plural e provisória, uma categoria "para expressar o sentido de verdade que permeia o saber científico da atualidade" (BULCÃO, 2008, p. 147). A idoneidade em Gonseth, como registra Bulcão (2008, p. 145), tem como escopo quebrar a cadeia de necessidade que o ideal de racionalidade pura introduz e, desse modo, impõe que se renuncie à ficção de uma evidência que, depurada de todo risco de erro, se coloque como plenamente verdadeira.

Ao considerar a construção proposta por Gonseth, ainda que de modo resumido, chama-se a atenção para o fato de que, com a noção de referencial, ele desestrutura a noção de sujeito de conhecimento universal dotado de uma única razão e, ainda assim, apresenta uma trajetória a respeito do conhecimento científico com esse sujeito. Com isso, veicula-se a partir de sua obra que o conhecimento científico continua a existir sem que esteja atrelado ao dogma racionalista.

Conforme ressalta Jorge (1985, p. 542), não acreditando na possibilidade de nenhuma experiência pura, nem a priori, nem no sentido empirista, Gonseth considera que, em cada momento, o/a cientista e o homem (acrescento mulher) comum estão diante de diversos "horizontes de realidade" por meio dos quais desenvolve seu conhecimento. E, para aquele/a que busca o entendimento das coisas, só há uma tarefa, qual seja, construir uma realidade com os meios mentais que dispõe em determinada situação de conhecimento, nem original, tampouco última.

Isso, no entanto, ainda segundo Jorge (1985, p. 542), nada tem que ver com ceticismo, relativismo ou niilismo. "Gonseth estava consciente da sedução que envolve a fórmula célebre: 'a cada um sua verdade'" (JORGE, 1985, p. 542). Assim, ele denuncia a falácia contida nesta afirmação e registra que ela pode justificar todos os tipos de violência e abandono. O que Gonseth busca mostrar com sua argumentação, conforme registro feito por Bulcão (2008), é a exaltação de uma razão dialogada que se desenvolve em um processo descontínuo de construção de saber e, com isso, contribui para desmantelar o ideal cartesiano de fundamentação da ciência na certeza e na evidência, mostrando a impossibilidade de se alcançar um saber definitivo.

Na mesma direção, com outros argumentos e fazendo uso de referências outras, encontra-se Maturana (2001). Este, ao discutir a ontologia das explicações científicas, destaca que o conhecimento, ao qual se dá a alcunha de científico, surgiu para dar ênfase a um tipo de conhecimento supostamente gerado e validado por um método particular, que é o método científico. Tal ênfase, para ele, recai sobre duas pressuposições: a primeira é que existe uma realidade objetiva independente dos/as observadores/as e do que eles/as fazem e desejam; a segunda é que a validade das afirmações e explicações científicas está baseada em sua conexão com esta realidade.

Problematizando as duas pressuposições, e contrariando-as, Maturana (2001) apresenta a ciência como domínio cognitivo gerado na atividade biológica humana, ressaltando a práxis dos/as cientistas naturais no processo de validação das explicações científicas que propõem. Nisso, aponta que aquilo que se faz como cientista relaciona-se ao fazer na vida cotidiana, revelando, desse modo, o status epistemológico e ontológico do que chamamos de ciência. "A ciência, como um domínio cognitivo, é um domínio de ações e como tal é uma rede de conversações que envolve afirmações e explicações validadas pelos critérios de validação das explicações científicas sob a paixão de explicar" (MATURANA, 2001, p. 131)

O pesquisador, ao mostrar como o conhecimento vai sendo produzido pelo/a cientista, abre uma perspectiva para trazer à tona um sujeito outro dentro da própria ciência. Esta aparece em sua argumentação, sendo dependente de grande consenso, atendendo a critérios de validação que são próprios do percurso consensual. Vejamos, então, sua explicação a respeito das formulações científicas.

Ao formular um problema, o/a cientista apresenta uma explicação, ou realiza uma proposição *ad hoc* do fenômeno que pretende elucidar, sustentada nos elementos constituídos em sua própria experiência. Esta carrega em si os subsídios necessários relativos aos critérios de validação, de manutenção de sua coerência interna e de possibilidade de aplicação. Assim, sem a necessidade de fazer uso de nenhum outro artifício que esteja fora do seu próprio universo de significação, o/a cientista estabelece sua teoria, que se define como um conjunto coerente de explicações no âmbito da qual se estabelece a própria natureza de sua coerência, os elos conceituais que atam sua conexão interna e a extensão de sua aplicabilidade às ações humanas. Embora exista a crença implícita em uma realidade objetiva independente que sustentaria a validação universal do conhecimento e, mais ainda, que a força da ciência estaria nela, o autor ressalta que o fazer científico se diferencia desse preceito. Isso porque uma realidade isolada do/a cientista, de um lado, e o fenômeno a ser investigado, de outro, parecem coisas incompatíveis, pois os fenômenos científicos se referem "às coerências operacionais do domínio de experiências do cientista, sem depender do que ele ou ela possa pensar que a realidade é" (MATURANA, 2001, p. 143).

Para Maturana (2001), exclui-se da formulação científica a ideia de que os critérios de validação de suas explicações fundamentam-se em observações metódicas e rigorosas. Em vez disso, afirma a validade das proposições em função de critérios de validação que são construídos e tomados como plausíveis no contexto significativo do qual se faz parte. Estando a compreensão de uma dada experiência sustentada nas circunstâncias que a geram e considerando que aquilo que faz parte de uma explicação científica acontece no domínio da experiência do/a cientista, relacionada às inquietações que vão surgindo no desenrolar de sua própria vida, as teorias científicas podem ser encaradas como livres criações de quem as elabora (MATURANA, 2001, p. 140). Essa criação, no entanto, não tem a ver com a genialidade de um sujeito individual, mas com a experiência que ele/a construiu, com base em sua vivência em um mundo e com ele, e que chega à sua condição de cientista. Segundo o autor, se prestar-se atenção ao que se faz na práxis da ciência quando se propõe uma explicação científica de quaisquer fenômenos, será possível perceber que uma teoria científica é aceita como tal se forem satisfeitas quatro operações inter-relacionadas e conjuntas. Tais operações são por ele descritas nos seguintes termos:

> i) A apresentação da experiência (o fenômeno) a ser explicada em termos daquilo que um observador-padrão deve fazer em seu domínio de experiências (sua práxis de viver) para experienciá-la.
>
> ii) A reformulação da experiência (o fenômeno) a ser explicada sob a forma de um mecanismo gerativo que, se realizado por um observador-padrão em seu domínio de experiências, lhe permite, como um resultado ou consequência de sua operação, ter em seu domínio de experiências a experiência a ser explicada como apresentado no ponto (i).
>
> iii) A dedução, a partir da operação do mecanismo gerativo proposto em (ii), assim como de todas as coerências operacionais do domínio de experiências de um observador-padrão a ele vinculado, de outras experiências que um observador-padrão deveria ter através da aplicação daquelas coerências operacionais e das operações que ele ou ela deve realizar em seu domínio de experiências para tê-las.
>
> iv) A experiência, por um observador-padrão, das experiências (dos fenômenos deduzidos em (iii) através da realização, em seu domínio de experiências, das operações também deduzidas em (iii) (MATURANA, 2001, p. 111).

A partir, portanto, dessas quatro operações, pode-se considerar que uma teoria científica foi estabelecida. Por meio dessa explicação, Maturana (2001) sustenta que não há quaisquer concepções operacionais de alguma coisa que não pertença ao domínio de experiências do/a próprio/a cientista, e que os critérios de validação das explicações científicas não se relacionam à idealidade que o discurso cientificista buscou promover; o que existem são proposições que podem ser tomadas como válidas desde que se satisfaçam os critérios de validação apresentados.

Tomando como exemplo Albert Einstein, o autor simplifica seu raciocínio em relação ao conhecimento, especificamente sobre a formulação das teorias científicas. A teoria da relatividade de Einstein surgiu da experiência de ele ser alguém no cotidiano e querer explicar determinada situação. "Se é certo que Einstein tenha sua pergunta fundamental já aos dezesseis anos, isto quer dizer que sua pergunta fundamental lhe surgiu quando ainda não era físico, surgiu em seu cotidiano" (MATURANA, 2001, p. 59).

As explicações científicas, assim como a própria pergunta, surgem da mesma forma, porque se impõe a necessidade de se propor um mecanismo gerativo *ad hoc*, que possa provocar o fenômeno que se quer explicar. "E de onde eu a tiro? De mim, da minha história, mas não enquanto história, e sim de meu presente como resultado de minha história" (MATURANA, 2001, p. 59). Como ela explica o mundo? Maturana (2001) responde dizendo que ela explica o mundo porque é ele mesmo que se explica a partir da experiência: "[...] não é estranho que as explicações científicas expliquem o mundo, porque o mundo que explicam é o mundo da experiência, o mundo dos afazeres, da práxis na qual nos movemos" (MATURANA, 2001, p. 59).

Encaminhando a algumas conclusões a respeito das teorias científicas e dos sujeitos que a produzem, Maturana (2001) defende que somos seres multidimensionais na linguagem e, em função disso, somos todos/as cientistas e filósofos/as, em diferentes momentos de nossas tentativas de entender e explicar nossas experiências e o mundo que vivemos por meio delas, ou de nosso desejo de coerência nas relações. Nesse sentido, continua ele, somos cientistas quando buscamos explicar nossas experiências cotidianas pelo critério de validação das explicações científicas. Somos também filósofos/as quando refletimos sobre nossos afazeres e nosso explicar, na tentativa de compreender o que fazemos. As teorias científicas são geradas quando se procede sistematicamente para que as explicações aconteçam e, se não temos consciência de que tais teorias constituem domínios de coerência operacional em um domínio de observadores/as que cooperam entre si, se não estamos conscientes, ainda, de que elas não revelam nenhuma verdade independente daquilo que os/as observadores/as fazem, usamo-las para exigir obediência, em vez de lançá-las como aliadas na criação responsável de um mundo desejado.

Com essas considerações, Maturana (2001) busca deixar clara sua posição quanto à negação de uma realidade objetiva, que independa do sujeito que conhece. Em seu lugar, coloca a práxis de viver como elemento desencadeador das possibilidades de explicar a realidade atrelada ao domínio cognitivo e de explicações que se relacionam a um conjunto de argumentos que vão se delineando na experiência mesma do/a observador/a. É assim que, para ele, damos sentido ao mundo em que vivemos, e é isso que se identifica no fazer do/a cientista, que se difere de outrem apenas pela sua intenção ou paixão de explicar.

Ao tomar a realidade nessa acepção, Maturana (2001) indica a existência não de uma realidade, mas de realidades. Conforme enfatiza Moreira (2004), ela, a realidade, é uma proposição explicativa, de maneira que se deve assumir, com Maturana (2001, p. 38), que "há tantas realidades — todas diferentes, mas igualmente legítimas — quantos domínios de coerências operacionais explicativas, quantos modos de reformular a experiência, quantos domínios cognitivos pudermos trazer à mão". Isso não quer dizer, porém, que cada um viverá sua realidade de modo exclusivo e independente, pois, como também destaca Moreira (2004), vivemos em domínios de realidade sujeito-dependentes, a partir da qual criamos com os outros um consenso em relação a ela. O consenso, em Maturana (2001), significa chegar a uma coordenação de ações como resultado da conversação em que mais nada se tem a dizer. Isso não é algo necessariamente explícito, mas há uma sinalização clara de que é o resultado de se estar juntos em interações recorrentes.

O sujeito de conhecimento que se delineia pelo trabalho de Maturana (2001) deixa, portanto, de ser o sujeito centrado na razão matematizante e passa a ser tomado como aquele que, fundamentando-se no domínio cognitivo que se constitui na experiência da vida com os outros, vai propondo explicações à realidade e engendrando-a. Mediante tal pensamento, entende-se que, na ciência mesma, está presente um sujeito que conhece alheio aos pressupostos cartesianos, e isso vai ao encontro da necessidade deste trabalho de mostrar que não foi e não é um sujeito universal que apresenta a verdade do mundo; são, antes, sujeitos que se constituem com ele e vão dando sentido de verdade à realidade na qual se encontram e que querem explicar.

A argumentação de Maturana (2001) auxilia também a retirar a produção de conhecimento do domínio daquilo que seria "puramente científico" e lançá-la na possibilidade da vida, o que, por outras vias, permite sustentar a anunciação de uma produção de conhecimento desvinculada não só dos dogmas científicos, mas também dos espaços institucionais destinados a ela, tal como se buscou mostrar em relação ao período do Renascimento, que precede a dogmatização da ciência. Isso significa um passo a mais na mesma direção em que, neste texto, se situou Gonseth.

No próximo tópico, continua-se caminhando no mesmo sentido, mas agora mostrando, a partir de Branquinho *et al.* (2010, 2016), um processo de conhecer que assume, desde seu princípio, que é na tessitura conjunta entre sujeitos, saberes e objetos, ou quase-sujeitos, que o conhecimento se produz.

### 1.2.2 A assunção do conhecimento como produção conjunta e a decisão ético-política de expô-lo

Santos (1988), em denso artigo em que busca desconstruir os pressupostos da ciência moderna e intenta apontar para o advento de uma ciência pós-moderna, entre uma série de questões, trata de desfazer os dualismos presentes naquela ciência, a qual considera parte de um paradigma que chama "dominante". Como contraponto a este paradigma, mostra o engendramento de outro, que define como "emergente", ou o "paradigma de um conhecimento prudente para uma vida decente" (SANTOS, 1988, p. 60), o qual considera da ordem de uma revolução científica, diferente daquela que ocorrera no século XVI, mas, ainda assim, uma revolução, e situa-o em uma sociedade que toma como já revolucionada pela ciência[13]. O conhecimento, no âmbito do paradigma emergente, para Santos (1988), tende a ser não dualista, isto é, um conhecimento fundado na superação de distinções tomadas de modo equivocado como óbvias e que se enquadram, justamente, no dogma científico que há pouco se discutia:

---

[13] Em que pesem as reservas que se tem neste trabalho em se considerar a ideia de que a ciência se desenvolveu sob a égide de um paradigma dominante chamado moderno e, agora, na contemporaneidade, está se desenvolvendo de acordo com os princípios de um paradigma considerado pós-moderno, o trabalho de Boaventura Santos (1988) conta com um forte argumento, como se buscará mostrar, de que a ciência não se constituiu na separação, na suposta neutralidade, na hierarquização, mas, antes, na conjugação de saberes de diversas ordens, como se buscou mostrar na discussão feita anteriormente, sobretudo a partir de Garin (1996) e Burke (2003, 2010). Isso, no entendimento que se tem neste livro, é um elemento bastante contundente para sustentar que a produção de conhecimento não precisa ser explicada pela via de paradigmas. Mais adequado parece ser levar em conta que, do momento em que marcamos a Modernidade até o tempo atual, houve, senão um escamoteamento, ao menos uma desconsideração dos modos como o conhecimento vem sendo produzido e que, neste momento, temos buscado assumir. Por isso, em vez de apresentar paradigmas, tenta-se construir uma abordagem que indique o movimento do conhecimento. É este movimento que interessa captar de Santos (1988).

observador/observado, coletivo/individual, subjetivo/objetivo, vivo/inanimado, natureza/cultura, mente/matéria, natural/artificial, sujeito/objeto.

De acordo com o autor, a ciência moderna construiu a dicotomia sujeito/objeto, pois um conhecimento que se pretendia objetivo, factual e rigoroso não toleraria a interferência de valores humanos ou religiosos em sua construção. Essa distinção, ou a tentativa de fazê-la, que pode ser observada no seio das mais diversas disciplinas científicas, vai deixando de ser marcada, tanto nas ciências humanas, como antropologia e sociologia, quanto nas ciências físico-naturais, como a física e a biologia.

Segundo Santos (1988), na antropologia, isso fica mais evidente no período entre a descolonização do pós-Guerra e a Guerra do Vietnã; e, na sociologia, a partir do final dos anos de 1960. Ambas foram levadas "a questionar o *status quo* metodológico e as noções de distância social em que ele se assentava" (SANTOS, 1988, p. 67). Aqueles que eram considerados selvagens, de repente, passaram a ser vistos dentro de nós mesmos, sujeitos que faziam parte da sociedade modernamente organizada. A sociologia passou a utilizar cada vez mais ferramentas que eram quase monopolizadas pelo campo da antropologia, como a observação participante. A antropologia, por sua vez, começou a tomar os objetos como concidadãos, a fim de estudá-los segundo pressupostos sociológicos.

Nas ciências naturais, a mecânica quântica anunciou o sujeito como parte do processo de conhecimento, demonstrando que o ato de conhecimento e o produto do conhecimento eram inseparáveis. A biologia, a astrofísica e a microfísica, por sua vez, devolveram à natureza as propriedades que a ciência moderna tinha extirpado. Nesse sentido, o desconforto que a distinção entre sujeito e objeto provocava nas ciências sociais passava a fazer parte também das ciências naturais.

Frente a essas reflexões, Santos (1988) chega ao entendimento de que o objeto é a continuação do sujeito por outros meios e que, por isso mesmo, todo conhecimento é autoconhecimento. "A ciência não descobre, cria, e o ato criativo protagonizado por cada cientista e pela comunidade científica no seu conjunto tem de se conhecer intimamente antes que conheça o que com ele se conhece do real" (SANTOS, 1988, p. 67). Desse modo, os sistemas de crença, os pressupostos metafísicos, os juízos de valor não estão nem depois, nem antes das explicações científicas da natureza e da sociedade, eles estão juntos, como parte dessa explicação. Boaventura Santos (1988, p. 68), aprofundando um pouco mais essa dimensão, afirma:

> Hoje sabemos ou suspeitamos que as nossas trajetórias de vida pessoais e coletivas (enquanto comunidades científicas) e os valores, as crenças e os prejuízos que transportam são a prova íntima do nosso conhecimento, sem a qual as nossas investigações laboratoriais, ou de arquivo, os nossos cálculos ou nossos trabalhos de campo constituiriam um emaranhado de diligências absurdas sem fio nem pavio.

Conforme continua o autor, a sapiência ou suspeição de nossas trajetórias corria de modo subterrâneo, clandestino, nos não ditos dos nossos trabalhos científicos. No paradigma emergente, por outro lado, o caráter autorreferenciável e autobiográfico é plenamente assumido, e as desconstruções relativas à ciência moderna, cada vez mais eloquentes:

> A ciência moderna não é a única explicação possível da realidade e não há sequer qualquer razão científica para a considerar melhor que as explicações alternativas da metafísica, da astrologia, da religião, da arte ou da poesia. A razão por que privilegiamos hoje uma forma de conhecimento assente na previsão e no controle dos fenômenos nada tem de científica. É o juízo de valor. A explicação científica dos fenômenos é autojustificação da ciência enquanto fenômeno central da nossa contemporaneidade. A ciência é, assim, autobiográfica (SANTOS, 1988, p. 68).

Ao tomar a produção científica nos termos expostos, é possível relacionar Santos (1988) a Maturana (2001), quando este afirma que as explicações científicas vão se constituindo com base em critérios de validação que fazem parte da experiência de vida do/a cientista. Mais enfaticamente que ele, entretanto, Boaventura Santos (1988) sublinha que juízos de valor fazem parte da construção da ciência, bem como o fato de que o saber que ela pronuncia não é, em grau de importância, mais adequado que outras explicações, como as religiosas, artísticas, poéticas, astrológicas etc.

O pensador é mais uma das vozes a que se recorre neste livro para fazer eco a uma ciência comum. Junta-se a ele Branquinho *et al.* (2010, 2016), trazendo e concordando com algumas proposições de Latour (1994) sobre o assunto. As autoras, além de contribuírem sobremaneira para que se desfaçam as fortes e hegemônicas impressões em relação à ideia de que a produção de conhecimento depende dos dogmas científicos, contribuem para que a hierarquização dos saberes, que foi sendo promulgada com base nesses dogmas, se desfaça. Assumem e registram, ainda, por meio de trabalhos de pesquisa e extensão, a tessitura do conhecimento em rede, com os atores que nele estão envolvidos.

Branquinho *et al.* (2016) fazem o registro de um estudo, o qual nomeiam como "Jardim Tia Neuma", na Mangueira, favela do Rio de Janeiro, e mostram como ele foi sendo construído. Ressaltam, logo no início do artigo, que a forma como o trabalho se iniciou foi uma:

> [...] obra em ação conjunta por muitas pessoas, em enlace de corpos em progressivo adensamento: "Chegamos ao Jardim pelo correr das coisas mesmo, simplesmente por seguir, adiante, sentindo o repouso do mundo. As coisas a que nos referimos são processos vividos em um território conquistado pouco a pouco" (BRANQUINHO *et al.*, 2016, p. 247)

Na continuidade da escrita, afirmam que a construção do Jardim questiona as competências do/a pesquisador/a e envolve o reconhecimento dos saberes da própria comunidade, de maneira que a hierarquia dos saberes mostrou-se, muitas vezes, invertida, posto que as pesquisadoras estavam aprendendo a "jardinar". A inversão dessa hierarquia, sinalizada nas palavras iniciais das autoras, aponta que, ao experimentá-la, estão se encaminhando, ou realizam-se simultaneamente, práticas transformadoras.

Sustentando essa ideia, apresentam algumas noções-chave[14], as quais tomam como possibilidade de encarar a produção de conhecimento. Entre essas noções, está a desierarquização dos saberes, pois, "não há razão fundada na epistemologia que justifique a hierarquia entre os saberes" (BRANQUINHO *et al.*, 2010, p. 47), haja vista que tanto as sociedades que têm a ciência como instrumento de leitura de mundo quanto aquelas que contam com outros instrumentos não separam natureza e cultura. Essa separação não deriva dos fatos "naturais", trata-se, antes, de construções, como salienta Latour (1994), que jamais ocorreram, ainda que tenham sido anunciadas dessa forma.

Outra noção recai sobre a ideia de tempo. Este, em vez de ser compreendido como "seta irreversível" que levará ao progresso ou à decadência, pode ser tomado como "resultado provisório da ligação entre os seres", como

---

[14] As noções-chave trabalhadas por Branquinho *et al.* (2010) e utilizadas neste livro foram retomadas e aprofundadas no artigo *A contribuição da teoria ator-rede para as pesquisas em educação* (BRANQUINHO; LACERDA, 2017).

propõe Latour (1994, p. 74): "Não são apenas os beduínos ou os kung[15] que misturam os transistores e os costumes tradicionais, os baldes de plástico e odres em pelos de animal. Há algum país que não seja 'terra de contrastes'? Acabamos todos misturando os tempos". Branquinho *et al.* (2016) dão um exemplo dessa acepção de tempo fundamentado na explicação da dirigente de um grupo de dança e canto de Capivari, no Vale do Jequitinhonha. Ela informa o nome do grupo e o explica: "Quatro Gerações, não porque existimos a quatro gerações [...] nem sabemos há quantas gerações fazemos esse trabalho! Quatro Gerações porque temos sempre no palco crianças, jovens, adultos e idosos cantando e dançando a nossa arte" (BRANQUINHO *et al.*, 2016, p. 256).

A essas duas noções, agregam-se outras duas que se consideram relevantes no contexto das discussões deste trabalho e sobre as quais também encontramos referência no trabalho de Santos (1988). A primeira delas diz respeito à superação dos abismos dualistas na produção de conhecimento, tais como: corpo/alma, racional/sensível, fato/contexto, ciência/arte, natural/sobrenatural, popular/científico, entre outras, e, para além disso, a assunção de que misturamos natureza e cultura. E, ao fazermos isso, tanto nas sociedades constituídas sob a égide da ciência moderna, como aquelas que não, proliferamos não humanos, ou quase-sujeitos, aos quais estamos intimamente relacionados, ou dos quais somos indissociáveis. De acordo com Latour (1994, p. 104):

> Todas as naturezas-culturas são similares por construírem ao mesmo tempo os seres humanos, divinos e não humanos. Nenhuma delas vive em um mundo de signos ou de símbolos arbitrariamente impostos a uma natureza exterior que apenas nós conhecemos. Nenhuma delas, e sobretudo não a nossa, vive em um mundo de coisas. Todas distribuem aquilo que receberá uma carga de símbolos e que não receberá. Se existe uma coisa que todos fazemos da mesma forma é construir ao mesmo tempo nossos coletivos humanos e os não humanos que os cercam. Alguns mobilizam, para construir seu coletivo, ancestrais, leões, estrelas fixas e o sangue coagulado

---

[15] Os beduínos são um povo que vive entre os desertos do Oriente Médio e do Norte da África. Em sua maioria, são nômades e deslocam-se de uma região a outra, praticando o comércio e o pastoreio. Ao longo dos anos, no entanto, esse deslocamento tem sido alterado, devido ao controle dos governos dos países onde vivem. Os kung são um grupo do povo San, que vive na região da África Austral. Aos homens, cabe a caça e, a despeito do tempo que ela leve, eles precisam voltar para o grupo com ela. Às mulheres, cabe o sustento diário, mantido com a coleta de raízes e frutos.

> dos sacrifícios; para construir os nossos, nós mobilizamos a genética, a zoologia, a cosmologia e a hematologia.

Conforme mostram Branquinho *et al.* (2016), nossa "interdependência ontológica" com os quase-sujeitos pode ser observada a partir daqueles que estão em nossa vida cotidiana na atualidade, tais como: o celular, que parece alterar noções de tempo e espaço; o satélite, que, mesmo à longa distância, mostra algo sobre nós mesmos; o dispositivo hospitalar, que mantém a vida no limite; o DNA, como testemunho da paternidade; os bancos de carbono; a clonagem etc. São objetos que "falam" e mudam nossas vidas. Essa interdependência é apresentada por Branquinho e colaboradoras (2010) no artigo *Etnografia de objetos e a (des)hierarquização dos saberes: um caminho para a prática docente*, em que mostram como uma prática de produção de conhecimento acontece levando em conta as noções que foram apontadas. O texto, além de ser um exemplo disso, se atrela também à educação, aliando formação docente, extensão e pesquisa na tentativa de promoção de atividades relacionadas à educação ambiental, de maneira que estas possam formular respostas à crise socioambiental que vivemos nos dias de hoje.

Ao considerarem saberes populares e científicos como saberes da mesma natureza, e ao considerarem, ainda, a possibilidade de realização da etnografia de objetos, as pesquisadoras apresentaram a "etnografia da cerâmica fluminense e vice-versa". A cerâmica "fala", no âmbito dos argumentos das autoras, porque os objetos, de um modo geral, atrelam, em determinada situação, uma rede de relações afetivas e de poder permeadas por tensões, conflitos, jogos de interesse e negociações. Eles são capazes de atrair novos atores à cena social, provocar trocas econômicas, novos entendimentos e divisões sociais. Um estudo de Callon (1986 *apud* BRANQUINHO *et al.*, 2010), em que um molusco aparece não como objeto de estudo ou cultivo, mas como alguma coisa que participa na ação e no processo, isto é, um actante, é um exemplo disso. Na fala de um ceramista, semelhante explicação sobre o objeto aparece da seguinte forma:

> O barro é uma coisa orgânica, que trabalha com os quatro elementos. É primordial, é operante internamente, e modifica até o ambiente. A argila transforma quem faz e quem vê... cerâmica não é uma arte simples; ela leva água, terra, fogo e ar, e eu... coloco muita energia (BRANQUINHO *et al.*, 2010, p. 45).

Sobre a cerâmica, as autoras destacam que uma das categorias que emerge a respeito dela com o grupo de ceramistas é a ideia de tradição que ela carrega. Essa acepção se expõe de muitos modos. Um dos ceramistas diz: "O trabalho que expus é todo baseado na parte indígena, é todo grafismo indígena. Isso foi assim tão forte para mim que eu sinto como rito de passagem, porque foi um resgate da minha ancestralidade" (BRANQUINHO *et al.*, 2010, p. 45); outro afirma: "Eu acredito que através das minhas obras [...] tem alguma coisa da minha raiz, porque a maioria dos povos europeus ama muito cerâmica" (BRANQUINHO *et al.*, 2010, p. 46).

Além de expressar alguma forma de tradição, a cerâmica aparece, ainda, como terapia que tem poder de cura, em função do relaxamento e bem-estar que provoca; e como obra de arte; e, até, como um filho, com o qual se deve praticar o desapego. "E, nesse ofício ou ganha-pão [...] todas as versões da técnica traduzem, assim, a indissociabilidade entre natureza e cultura, sujeito e objeto, evidenciando a natureza híbrida tanto de um quanto de outro" (BRANQUINHO *et al.*, 2010, p. 46)

A partir da etnografia da cerâmica, que é uma forma de produção de conhecimento em que fica clara a participação de todos, emergiram categorias que levaram ao desenvolvimento de oficinas de extensão, as quais continuam deixando transparecer uma constituição de conhecimento que é conjunta. Ou, como dizem as autoras: "Tais categorias fazem parte [...] do universo sociocognitivo dos participantes, isto é, de todos os integrantes da rede sociotécnica ou coletivo agenciado pela cerâmica" (BRANQUINHO *et al.*, 2010, p. 46).

As oficinas tiveram como objetivo discutir os problemas ambientais e as soluções para eles, incluindo os aspectos de tal universo sociocognitivo.

Sua elaboração colocou em interação os saberes considerados científicos com os saberes dos/as participantes da região onde se desenvolveu o trabalho – no caso em tela, em Visconde de Mauá, município do Rio de Janeiro. A condução das atividades buscou estabelecer um diálogo entre informações teóricas sobre a biodiversidade local, isto é, registros a respeito da ocupação, e os saberes relacionados às experiências dos/as moradores/as, com a finalidade de sistematizar o conhecimento novo/coletivo e complexo, com base no qual as atividades foram pensadas.

Com o trabalho das oficinas, as autoras salientam que foi possível compartilhar informações sobre o meio ambiente e a realidade socioambiental dos/as participantes. Nele, deliberadamente, foi articulado um estudo em favor da desierarquização dos saberes e, mais que isso, se assumiu em seu processo de desenvolvimento; em seu registro e sua apresentação à comunidade científica e demais leitores/as, que o conhecimento produzido foi tecido e constituído a partir de uma rede. Nisso se observa o potencial para fazer com que outros trabalhos, com enfoques diferentes, também assumam a produção de conhecimento desta forma.

A possibilidade contida no trabalho das pesquisadoras, além de tudo que foi sendo registrado até aqui, é a de que se desenvolva outro tipo de compromisso com a pesquisa e com aquilo que esperamos dela: "pesquisa que se faz pela proximidade, pelo vínculo e não pelo distanciamento, pensando a pesquisa que se faz 'com' e não 'sobre' o outro [...]" (BRAN-QUINHO *et al.*, 2016, p. 262). Pesquisa que nos leva a uma dimensão do conhecimento em que, finalmente, o outro seja visto e tomado como um semelhante com o qual se articula a potência coletiva de nossos processos de conhecer.

## 1.3 Produção de conhecimento: em tudo e com todos

A produção de conhecimento, há muito, alvo de variadas proble-matizações, ocupou diversos/as pensadores/as e continua hoje passível de uma gama de possibilidades para dizê-la, compreendê-la, mostrá-la[16]. Neste capítulo, buscou-se construir uma argumentação que encaminhe ao entendimento de que ela está longe de se assentar sobre as bases que o dogma científico procurou sustentar. Em vez disso, encontra-se nela a tessitura de saberes que, no momento mesmo em que situamos a Modernidade, já se faziam presentes. Saberes estes que contam com a participação de sujeitos e contextos, criando também contextos e expli-cações sobre os sujeitos.

Se hoje se pode defender essa perspectiva em diálogo com diferentes autores/as (BRANQUINHO *et al.*, 2010, 2016; SANTOS, 1988; MATU-RANA, 2001; GONSETH, 1975, BURKE, 2003; GARIN, 1996), isso não foi sempre assim, o que deixou para nós o legado cientificista, o qual, quando confrontado às diversas situações de mundo nas quais existimos

---

[16] Philip Stokes (2012), ao fazer um compêndio daqueles que considera os 100 pensadores essenciais da filosofia, apresenta um panorama que revela suas preocupações no sentido de definir o conhecimento. Sócrates [470/399 a.C.]; Platão [427/347 a.C.]; Aristóteles [384/322 a.C.], 2012; Bacon [1561,1626], 2007; Galilei [1564-1642], 2009; Descartes [1596-1650], 2011; Bachelard [1884-1962], 1996; Gonseth [1890-1975], 1960; Husserl [1859-1938], 1968; Piaget [1896-1980], 1983; Lévy [1956-], 1993; Morin [1921-], 2010, são alguns deles.

e com as quais produzimos conhecimentos, deixa transparecer alguma incongruência entre os modos como a ciência dogmática busca dizer que a produção de conhecimento dá-se e os modos como vamos percebendo que ela vai acontecendo. Daí a necessidade de afirmá-la, destacando, sobretudo, os sujeitos que fazem parte dela. Pois, como se buscou mostrar, especialmente com Maturana (2001), o sujeito que conhece no âmbito da própria ciência nada tem a ver com o sujeito cartesiano-kantiano.

Os elementos que nos levam a considerar que as formas de conhecer não estão nem estiveram atreladas ao dogma científico, mesmo no momento da renovação científica, permitem ponderar que não há nenhuma característica exclusiva, determinante sobre a ciência em comparação a outras leituras de mundo que coloque sobre ela a primazia de ditar e estabelecer a verdade sobre todas as coisas. O conhecimento se faz na tessitura da vida, se relaciona aos diferentes sujeitos que vão engendrando entendimentos por meio dos consensos dos quais participam, com os outros que se encontram neles.

A paixão de explicar orientada por algum questionamento, como bem descreve Maturana (2001), é o que nos leva a anunciá-lo. Tal anunciação pode partir, portanto, de diferentes situações e espaços, mesmo que estes não estejam atrelados a uma instituição acadêmico-científica. Nesse sentido, abandona-se a ideia de que a ciência carrega em si um conhecimento superior e, assim, torna-se possível relacioná-la a outras lógicas de compreensão do mundo, que também estão presentes em sua constituição. Um quadro síntese de Weil *et al.* (1993) permite visualizar essa relação. Com base na apresentação de um octógono no qual se circunscrevem dois quadrados, o autor elenca e distribui quatro áreas de conhecimento e as une mediante quatro pontos, que têm relação direta na promoção dessas áreas.

Figura 1 – Modelo de Weil *et al.* (1993) sobre os processos de leitura do mundo.

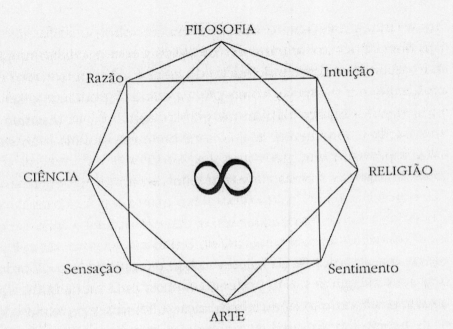

Fonte: Weil (1993, p. 19)

Na figura, é possível visualizar que Ciência, Religião, Filosofia e Arte estão na mesma situação em relação ao ato de conhecer, que não tem finitude. Agregados a esses quatro pontos, estão a razão, a intuição, a sensação e o sentimento, que completam as infinitas possibilidades relativas ao entendimento do mundo. A esses pontos e no centro infinito de Weil *et al.* (1993), seria possível relacionar as pessoas, os sujeitos, sem os quais nenhum dos pontos existiria, e circunscrever toda a figura em um círculo em que história, cultura e sociedade, os contextos se fizessem presentes, pois têm um papel primordial no engendramento dos sentidos de cada um dos elementos que a compõem.

Uma vez que se tenha condições de apresentar a produção de conhecimento na vida, no mundo e com os outros, desnuda-se a crença na capacidade científica de objetificação, neutralidade e produção universal da verdade, para pensá-la em um contexto que lhe permite as condições de existência e torna válidos seus argumentos. A esse respeito, Felippe (2008) faz uma provocação e, ao mesmo tempo, um convite. Diz ela que precisamos mesmo, na atualidade, fundar uma nova ciência, "não mais como distanciamento do real que o conhecimento como forma de representação propõe, mas uma 'ciência' como pensamento, provocando trabalho reflexivo e, enquanto tal, histórico" (FELIPPE, 2008, p. 177).

O esforço que se fez neste capítulo foi justamente o de mostrar que, sabendo que o conhecimento não se atrela aos dogmas da ciência e que em sua construção não estamos lidando com dualismos ou respeito a tais dogmas, encontram-se abertos os caminhos que indicam a possibilidade de anunciar conhecimentos que são produzidos por contextos e sujeitos diferentes daqueles com os quais estamos acostumados a lidar e, mais que isso, considerando-os legítimas formas de produção. Aceitando a provocação e o convite de Felippe (2008), apresenta-se, a seguir, uma postura pela qual – acredita-se no âmbito deste trabalho – a anunciação dessa produção torna-se possível.

# 2

# ATITUDE ETNOGRÁFICA

*Os outros: o melhor de mim, sou eles.*
*(Manoel de Barros)*

A etnografia é uma abordagem teórico-metodológica-epistemológica (MATTOS, 2006) bastante utilizada e problematizada no âmbito da educação (ANDRÉ, 1995; DAUSTER, 2015; MATTOS, 2006; OLIVEIRA, 2013). Os estudos desenvolvidos considerando seus princípios e pressupostos têm contribuído para se pensar e repensar os processos interativos e sociais, bem como a natureza da produção do conhecimento, discutindo a quem pertence tal produção à luz dos resultados que apresentam (ALMEIDA, 2016; BRANQUINHO *et al.*, 2010). Entre tais estudos, pode-se sublinhar aqueles que se voltam para a escola, com suas/seus alunas/os e professoras/es, porque eles têm construído entendimentos originais a respeito das relações que esses atores estabelecem, ampliando as possibilidades de raciocinar e desenvolver práticas de ensino-aprendizagem que vão ao encontro dos discentes, como sujeitos de conhecimento e de cultura que são (ALVES; MATTOS, 2016; CASTRO, 2006, 2015; MATTOS, 2005, 2011).

Os estudos etnográficos, conforme destaca Mattos (2001), apresentam grande interesse pela compreensão dos sujeitos que se tornam vítimas das desigualdades sociais e dos processos de exclusão. Além disso, de acordo com Senna (2006), preocupam-se em tornar legítimos sistemas de representação alheios ao molde científico-cartesiano de sujeito de conhecimento, este que, desde longa data, tem se imposto como padrão de pensamento e comportamento para descrição de diferentes sujeitos sociais.

Tomar os estudos etnográficos, nos termos anteriormente mencionados, é particularmente relevante para a educação pública no Brasil, onde ainda caminhamos a passos lentos rumo à concretização de uma ação educativa que aconteça de maneira inclusiva, isto é, que leve em conta as diferenças que se fazem presentes em nossos modos de ser e estar no mundo, respeite-as, valorize-as e, ao mesmo tempo, aponte para uma formação que tenha como escopo a autonomia e a emancipação em um mundo predominantemente orientado pela cultura científica (SENNA, 2007).

A contribuição da etnografia para a educação, como abordagem de estudo, portanto, parece evidente. As pesquisas que a utilizam orientam-se por alguns pressupostos: a realização de um trabalho de campo, a indicação dos sujeitos que participarão dele, os instrumentos que serão utilizados no desenvolvimento da investigação, tais como observação participante, entrevista aberta ou semiestruturada e coleta de materiais que possam auxiliar nas análises que serão realizadas. Deve-se destacar que a ida a campo é feita com um projeto em aberto ao qual, quando necessário, se dispõe a colocar, de modo ousado e criativo, outras questões no lugar das originais (PEIRANO, 2014). Além disso, são consideradas a capacidade e a habilidade do/a investigador/a em impetrar um esforço de reflexão que lhe permita aproximar-se do outro com o qual pesquisa, tentando compreender suas impressões e percepções. Segundo ressalta Mattos (2001), a etnografia é guiada, sobretudo, pelo senso questionador do/a etnógrafo/a e requer um conjunto de habilidades que são parte daquilo que se encontra em nossas características humanas, como observação, comparação, contraste e reflexão. O/a pesquisador/a as utiliza de modo deliberado, em função dos objetivos que quer alcançar com seu trabalho (MATTOS, 1995).

Assim como qualquer abordagem, conceito ou metodologia que se desenvolve nas ciências em sua vocação para (re)inventar, a etnografia é alvo de problematizações, reconfigurações e reconstruções, que vão redefinindo as formas de encará-la e dizê-la, no intuito de promover uma aproximação com a realidade que tentamos pronunciar de modo coerente e crível.

Em meio a tais problematizações, vem se revelando como possibilidade um conceito que a toca e que, simultaneamente, apresenta um caminho diferente sobre sua instituição, alargando e/ou remodelando a compreensão a respeito dela e de seus modos de produzir e apresentar o conhecimento produzido. Trata-se da atitude etnográfica.

Mais que uma expressão para se referir à etnografia, a atitude etnográfica pode ser entendida como uma forma de estar no mundo e na relação com os outros. Nesse sentido, a produção de conhecimento passa a ser expressão daquilo que foi constituído conjuntamente sobre um tema colocado em evidência em determinada situação.

Este capítulo busca mostrar, justamente, o caminho percorrido para se chegar ao entendimento da atitude etnográfica da forma como está sendo

PARA UMA EPISTEMOLOGIA DA EDUCAÇÃO ESCOLAR: CAMINHOS DE UMA ATITUDE ETNOGRÁFICA

trazida aqui, aprofundando a discussão sobre ela e sobre alguns dos aspectos que lhe dizem respeito. Com isso, espera-se elucidar um dos princípios que acompanha a construção deste livro, porque, na realidade, acompanha minha trajetória como professora e pesquisadora. Espera-se, também, identificá-la na postura de outros/as professores/as e pesquisadores/as, tanto em suas práticas de ensino quanto na produção de conhecimento que anunciam[17].

No primeiro tópico, sob o título "Atitude etnográfica: da expressão ao sentido", reúnem-se e discutem-se alguns trabalhos, entre teses, artigos e entrevista, nos quais se encontra a expressão "atitude etnográfica" (AZE-VEDO, 2006; BOUMARD, 1999; LISBOA, 2013; SOARES, 2015; WILLMS, 2014), com o objetivo de problematizar e ilustrar a forma como ela está sendo utilizada em documentos acadêmicos. Nestes, de um modo geral, a atitude etnográfica se revela predominantemente como uma expressão que serve para enfatizar ou destacar algum aspecto de um estudo realizado com base na etnografia[18]. Apesar disso, existem neles indícios que permitem considerar o esboço de um conceito que extrapola, embora possa abarcar, a própria etnografia como metodologia de pesquisa. Em tais trabalhos, veicula-se certa ideia, aprofundada no tópico seguinte, de que a atitude etnográfica encaminha ao encontro do outro, tomado como sujeito de conhecimento e cultura[19].

---

[17] Ginzburg (1989), em seu ensaio "Sinais: raízes de um paradigma indiciário", mostra como Morelli, Freud e Sherlock Holmes, famoso personagem do escritor escocês Arthur Conan Doyle, seguiam pistas infinitesimais que lhes permitiam captar uma realidade que considera "mais profunda", que não seria inteligível de outra forma. A isso o autor considera um "modo de fazer pesquisas" em diferentes áreas. Um desdobramento dessa explicação pode nos levar a mais um entendimento sobre os sinais, não propriamente porque eles nos permitem enxergar uma realidade mais profunda, mas porque nos mobiliza a perceber, nas situações em que nos encontramos, os indícios de algum fenômeno que, com nossa construção, vamos colocando em evidência. Este é o caso da atitude etnográfica.

[18] "Atitude etnográfica" foi tomada como argumento de busca em livros, artigos, teses, trabalhos acadêmicos de modo geral, a fim de verificar a existência de textos que fizessem uso dela, definindo-a. Observou-se que existe um vasto universo de trabalhos que a utilizam. Entre estes, além dos que foram mais detidamente explorados, alguns serviram de referência para se chegar aos apontamentos que se fazem neste tópico, como os de Araújo (2015, p. 14); Cavalcanti e Haran (2012, p. 174); Flick (2009, p. 117), Gastaldo (2013); Halpern e Leite (2016, p. 14); Leite (2007, p. 224); Moreira (2012, p. 30), Raufflet (2005, p. 70); Souza e França (2014, p. 51) e Vasconcellos (2015, p. 17).

[19] Cultura é aqui compreendida no sentido freireano da palavra, isto é, como criação humana que se dá no mundo, com o mundo e com os outros. Trata-se de compreender a cultura, nas palavras de Freire (1967, p. 108-109), "como o acrescentamento que o homem faz ao mundo que não fez. A cultura como o resultado de seu trabalho. Do seu esforço criador e recriador. O sentido transcendental de suas relações. A dimensão humanista da cultura. A cultura como aquisição sistemática da experiência humana. Como uma incorporação, por isso crítica e criadora, e não como uma justaposição de informes ou prescrições 'doadas' [...] é cultura o boneco de barro feito pelos artistas, seus irmãos do povo, como cultura também é a obra de um grande escultor, de um grande pintor, de um grande místico, ou de um pensador [...] cultura é a poesia dos poetas letrados de seu país, como também a poesia de seu cancioneiro popular. Que cultura é toda criação humana". Paralelamente, é também entendida como contexto no âmbito do qual fatos, ações, pensamentos, comportamentos e instituições se forjam e como forma como homens e mulheres significam seu mundo com base na teia de signos e símbolos criados e tecidos ao longo de sua história (GEERTZ, 1989).

Guiada pelos questionamentos propostos no final deste tópico – a saber, "Uma vez que se assume a atitude etnográfica como o encontro com o outro a partir do qual conhecimentos são construídos e podem ser comunicados, ainda que seja sobre este outro mesmo, haveria a possibilidade de se pensar na manifestação de tal atitude para além de sua circunscrição em um estudo etnográfico que se desenvolve nos moldes de uma pesquisa acadêmica? Sendo essa resposta positiva, seria possível encarar a atitude etnográfica como prática de leitura de mundo em devir, que se processa nos mais diferentes espaços e situações em que se reconhece o outro em seu protagonismo na produção de conhecimento?" –, chega-se à discussão que se desenvolve no tópico posterior.

Orientado pelo título "Encontros com os outros como sujeitos de conhecimento e cultura — etnografias possíveis", o tópico busca mostrar que existe um conjunto de argumentos, gestados e situados na vanguarda europeia dos anos de 1920, que não só permitem sustentar a atitude etnográfica como um conceito que carrega a característica anteriormente apontada, como também apresentar sua proposição em uma perspectiva que abandona a ideia de que ela seja uma técnica de investigação empírica circunscrita e desenvolvida em um campo disciplinar (CAMPOS, 2014; CLIFFORD, 2014; KLINGER, 2007).

Busca-se, ainda, evidenciar que a atitude etnográfica se constitui de modo transdisciplinar, relacionada à arte e à escrita do início do século XX e orientada pelo interesse de compreensão da cultura, o que fomenta uma produção de conhecimento rica, registrada, por exemplo, na revista de arqueologia, belas artes e etnografia, sob o título de *Documents*. A atitude etnográfica é percebida como um arranjo semiótico passível de justaposições e reorganizações, nas quais aspectos como beleza, verdade e realidade são tomados como parte dele, suscetível de análise e comparação em quaisquer espaços onde se manifesta, seja nas Áfricas ou em Paris.

Frente a esse quadro geral, vislumbra-se um contexto em que se pode deparar com trabalhos desenvolvidos em atitude etnográfica que não estejam necessariamente vinculados a uma pesquisa acadêmica nem se restrinjam a ela, mas que, a despeito disso, apresentam uma contribuição à produção de conhecimento relativa à cultura e ao outro e à própria ideia de produção de conhecimento nas diferentes situações nas quais nos encontramos.

Esses conhecimentos, ou significados culturais, podem ser registrados e apresentados de diferentes formas. Toma-se como exemplo o registro de

Mário de Andrade, sobre sua "viagem etnográfica" ao Nordeste brasileiro, em que se destaca o encontro com o coqueiro Chico Antônio (CAMPOS, 2014), e a narrativa do etnógrafo Guimarães Rosa, com enfoque em seu relato a respeito de Maria Mutema, diante do sistema de mundo sertanejo considerado e descrito (SENNA, 2006).

O terceiro tópico – "Quantos Antônios e quantas Mutemas cabem em uma atitude etnográfica? — viagens e leituras com Mário de Andrade e Guimarães Rosa" – trata de pôr em evidência as etnografias possíveis com base na atitude etnográfica que se identifica nas autoras e autores citados. O encontro de Mário com Chico e o de Rosa com a figura de Mutema[20] são exemplos significativos de como, com o outro, nas situações em que se encontram, produz-se conhecimento a respeito dele ou sobre as situações e nas situações em que se inserem. Além disso, observa-se mais um aspecto relacionado à atitude etnográfica, qual seja, o fato de provocar mudança no sujeito que passa a operar com ela. Tal mudança, que se torna parte de sua vida, começa a ser percebida também na esfera pública da qual participa. Embora neste trabalho se elaborem apenas as primeiras impressões a esse respeito, sugere-se que a atitude etnográfica pode levar a um estado constante de captação dos sentidos que vão sendo construídos com os outros na cultura, em diferentes espaços, que podem ser apresentados a outrem de diversos modos. Andrade o fez em suas crônicas (CAMPOS, 2014; SENNA, 1997). Guimarães o fez na escrita cuidadosa de seu romance *Grande sertão: veredas* (BOLLE, 2001; MORAES; OLIVA, 2013; SENNA, 2006).

A atitude etnográfica, que Andrade reconhece como seu jeito de ser e que está entre seus muitos modos de encontrar o Brasil (ANDRADE, 1968), é ampliada no tópico seguinte, vinculada à educação: "A mania etnográfica em *nosotros* e a educação".

Procura-se destacar e exemplificar, no quarto tópico, a partir do trabalho de Pimentel (2014), como a atitude etnográfica incide sobre as práticas de ensino e o processo de anunciação da produção de conhecimento em educação, o qual toca, a um só tempo, pesquisadores/as que buscam desenvolver seus estudos com diferentes temas na área educacional, como também professoras/es pesquisadoras/es que podem, a partir dela, anunciar

---

[20] Como sabemos, Maria Mutema não é uma pessoa na "vida vivente", mas, na obra de Rosa, ela encarna e tipifica uma mulher sertaneja que, no contexto da narrativa, como se busca sustentar no desenvolvimento do tópico, se relaciona a uma leitura segundo a qual a encontramos e a várias outras Mutemas, bem como a sociedade sertaneja (SENNA, 2006; MORAES; OLIVA, 2013; BOLLE, 2001).

os diferentes conhecimentos que se produzem no encontro com os outros na escola, sejam eles seus pares profissionais ou suas/seus próprias/os alunas/os.

Ao terminar este tópico, considera-se ter apresentado os argumentos necessários para, finalmente, chegar ao último – "Atitude etnográfica: uma forma de se colocar no mundo, na pesquisa e nas práticas de ensino-apren-dizagem" – e assumir que é esta atitude mesma que vem fazendo parte não só da minha trajetória, como também da anunciação do conhecimento que busco promover no âmbito da educação. Conforme destaca Andrade (1968), já utilizado nesta introdução do capítulo, ela é meu jeito de ser, minha forma de me colocar no mundo, com os outros, com os quais os conhecimentos são produzidos.

## 2.1 Atitude etnográfica: da expressão ao sentido

Vez por outra, na apresentação de textos que discutem a etnografia, em algumas entrevistas de pessoas que a utilizam como forma de leitura de mundo, em relatos, teses, artigos autorreferenciados como etnográficos, ou que fazem uso da abordagem etnográfica e/ou de seus instrumentos, deparamo-nos com a expressão "atitude etnográfica" (AZEVEDO, 2006; BOUMARD, 1999; LISBOA, 2013; SOARES, 2015; WILLMS, 2014). O pesquisador Hélio R. S. Silva[21], ao entrevistar o também pesquisador Luiz Eduardo Soares[22], em um encontro cuja temática versava sobre etnografia, fez a seguinte colocação, seguida por um questionamento, a respeito do lugar que a observação ocupa na vida do/a etnógrafo/a:

> Mas provisoriamente destaco a questão da observação. O que remete à questão da inscrição no campo. Quer dizer, essa relação objeto, sujeito e tal. Toda etnografia é parte da biografia do etnógrafo. Se a experiência for realmente relevante, você sai mudado. Se você for um burocrata da etnografia, não, mas, se você for a fundo, essa experiência etnográfica muda você; se torna um capítulo da sua história. Do que se trata essa *atitude etnográfica*? (SOARES, 2015, p. 328, grifo meu).

---

[21] Pesquisador associado do Laboratório de Etnografia Metropolitana (Lemetro) do Instituto de Filosofia e Ciências Sociais (IFCS) da Universidade Federal do Rio de Janeiro (UFRJ) e presidente do Instituto de Estudos da Religião (Iser). É também autor do livro *Travestis: entre o espelho e a rua*, publicado pela Editora Rocco (Rio de Janeiro), com primeira edição em 2007, entre outros.

[22] Professor adjunto da Universidade do Estado do Rio de Janeiro (Uerj) no Instituto de Ciências Sociais (ICS). Autor de diversos trabalhos na área da segurança pública e ciência política, entre os quais, o famigerado *Elite da Tropa*, com os coautores André Batista e Rodrigo Pimentel (Rio de Janeiro: Objetiva, 2006).

PARA UMA EPISTEMOLOGIA DA EDUCAÇÃO ESCOLAR: CAMINHOS DE UMA ATITUDE ETNOGRÁFICA

À questão do entrevistador, Soares (2015, p. 328-332) apresenta uma resposta alargada e complexa, entremeada por referências a outros autores e pelas apropriações e reconfigurações que foram feitas por ele próprio. Essa explanação ocupa as próximas cinco páginas da revista. Em sua conclusão, o entrevistado delineia um resumo de sua argumentação:

> É necessário reconhecer a diferença, ou meu limite, me dizer a mim mesmo, nada sei sobre o outro, senão tudo aquilo que minha cultura antropológica me ensinou a respeito da necessidade de partir desse ponto. Eu não estou dizendo algo sobre o outro mas sobre mim e sobre uma *atitude* que devo tomar que é a de ver o outro com olhos novos. Ver o outro como um desafio, como não sabido, deixar que o outro vá se desenhando para mim, diante de mim, *comigo*, numa interação tensa que não está garantida (SOARES, 2015, p. 332, grifos meus).

Em que pesem as diferentes possibilidades de explorar o que foi dito por ambos os pesquisadores envolvidos na entrevista a respeito do trabalho etnográfico, bem como deixar de fora, na longa resposta dada por Soares, algum elemento que pudesse ser considerado relevante para a leitura de outro/a pesquisador/a, arrisco-me a considerar o excerto destacado como o principal pressuposto presente em sua fala transcrita e atenho-me à tentativa de interpretar e dar sentido àquilo que foi colocado por Silva como atitude etnográfica.

É possível perceber que a indagação de Silva em relação à atitude etnográfica toca a ideia expressa por ele no momento anterior à sua interrogação: a de que esta atitude pressupõe uma perspectiva de mudança de si frente ao mundo novo constituído pela prática da etnografia com determinado grupo. Embora ele não destaque, nessa sua colocação, os sujeitos da pesquisa, podemos considerar que o contrário também pode ser tomado como verdadeiro. Como instâncias ativas na formação de juízos, todos/as se implicam mutuamente (SENNA, 2006), ainda que, para o "etnógrafo burocrata", isso não pareça possível.

A resposta formulada por Soares, por sua vez, parece (re)colocar uma discussão que acompanha a etnografia desde sua configuração com Malinowski (1976) e que diz respeito ao lugar ocupado pelo/a pesquisador/a no exercício de tornar o estranho familiar e o familiar estranho (DA MATTA, 1987), para que se possa dizer sobre ele por meio da descrição etnográfica. Em sua reflexão, percebe-se o destaque de que existe uma implicação de si nesse exercício, que parte da "cultura antropológica", pela qual se pressupõe uma atitude de encarar o outro como desconhecido e olhá-lo com olhos novos, para que este outro passe a se desenhar diante do/a pesquisador/a e com ele/a.

Observa-se que a "atitude" que aparece na resposta de Soares (2015) liga-se aos parâmetros gerais da antropologia, assim como à própria expressão "atitude etnográfica" presente na pergunta de Silva. A diferença entre a pergunta e a resposta é que a primeira ressalta uma perspectiva de mudança de quem faz etnografia, e a segunda indica que ver o outro é uma atitude pressuposta na cultura antropológica. No restante da entrevista, não há nenhuma outra citação ou exploração da expressão "atitude etnográfica", ficando, portanto, a cargo de sua fugaz aparição e da interpretação aqui dada o sentido que pode carregar nas palavras de Silva e na resposta de Soares.

Nas teses defendidas por Azevedo (2006) e Lisboa (2013), *Informação e segurança pública: a construção do conhecimento social em um ambiente comunitário* e *Os loucos de rua e as redes de saúde mental: os desafios do cuidado no território e a armadilha da institucionalização,* respectivamente, encontra-se também a expressão "atitude etnográfica".

A tese de Azevedo (2006) afirma guiar-se pelo "método hermenêutico-dialético", proposto por Minayo (2002) no artigo "Hermenêutica-dialética como caminho do pensamento social"; pela teoria do "campo social", apresentada por Bourdieu em *O poder simbólico* (BOURDIEU, 2002) e em *El sentido prático* (BOURDIEU, 1991); e, finalmente, por uma *atitude etnográfica,* necessária, segundo ele, à elaboração de uma "descrição densa", conforme destacada por Geertz em *A interpretação das culturas* (GEERTZ, 1989).

A referência à atitude etnográfica aparece no resumo da tese de Azevedo (2006), na forma anteriormente destacada, e, posteriormente, apenas uma vez mais, no capítulo intitulado "Aproximação teórico-metodológica do objeto de pesquisa", em um subtópico nomeado "Buscando outros subsídios no método etnográfico". Nessa seção, o autor reafirma o argumento do resumo e diz que sua pesquisa não pode ser caracterizada como uma etnografia, mas como um estudo orientado pelos "princípios da pesquisa etnográfica interpretativa, ou seja, [busca] manter uma postura, ou uma atitude etnográfica, tendo em mente, como referência, aquilo que Geertz chama de 'descrição densa'" (AZEVEDO, 2006, p. 133).

Da colocação feita por Azevedo (2006), pode-se inferir que a atitude etnográfica em seu estudo é uma postura que vai assegurar que nele seja realizada uma descrição densa, como proposta por Geertz (1989), isto é, um tipo de esforço intelectual que vai levar o/a etnógrafo/a à interpretação dos significados e das ações sociais vivenciadas no grupo estudado, para além da descrição superficial de comportamentos e gestos. Nesse sentido, a atitude etnográfica aparece como uma forma de se referir à prática de pesquisa etnográfica, ou a algum dos pressupostos que a sustentam, quando estes são considerados relevantes para servir de subsídio à proposta de determinado estudo, como é o caso de Azevedo (2006), que encontra nela uma possibilidade para conseguir desenvolver seu trabalho.

A tese de Lisboa (2013), de outro modo, autorreferencia-se como uma etnografia, realizada ao longo de um ano, sobre a relação de cuidado estabelecida entre os membros de uma equipe do Programa de Saúde da Família Sem Domicílio (PSF-SD) e pessoas vivendo em situação de rua, especialmente as que apresentavam um quadro de sofrimento psicossocial caracterizado como doença mental. A atitude etnográfica, em sua tese, aparece em um único momento, no capítulo que discute "A investigação etnográfica como recurso metodológico" (LISBOA, 2013, p. 17), em um subtópico destinado a discutir e apresentar os "participantes e procedimentos" (LISBOA, 2013, p. 20) do estudo.

Lisboa (2013) explica que se inspirou no conceito de "pesquisador-camarada", descrito por Snow e Anderson (1992), para se aproximar das pessoas com as quais buscava realizar sua pesquisa. Segundo os autores, na leitura de Lisboa (2013), para que haja uma aproximação com as pessoas em situação de rua, faz-se necessária uma adaptação da linguagem, de modo a criar uma identificação com elas, possibilitando a comunicação. Foi isso que a pesquisadora afirma ter feito: inseriu-se no campo como camarada e buscou diferenciar-se dos/as profissionais do Programa de Saúde da Família que a acompanhavam, "oferecendo uma escuta curiosa e atenta a quaisquer conversas que pudessem vir à tona, mesmo que estas a princípio não fossem de interesse direto da investigação ou tivessem a ver com o quesito saúde" (LISBOA, 2013, p. 22-23).

A atitude etnográfica surge relacionada a essa explicação, ampliando-a em favor de uma necessária postura de abertura para que se possa compreender os mundos e as interpretações das pessoas estudadas, que representam um grande desafio à compreensão do/a próprio/a pesquisador/a. De acordo com a autora, "a atitude etnográfica representa uma postura mais dialógica" (LISBOA, 2013, p. 23).

Para sustentar sua proposição, Lisboa (2013) toma de empréstimo a argumentação apresentada por Dalmolin e Vasconcelos (2008, p. 50), para os quais a utilização da abordagem etnográfica no estudo com pessoas em sofrimento psíquico "permite a aproximação com a perspectiva dos sujeitos que vivem esta experiência 'a fim de ampliar a compreensão do sofrimento psíquico e estabelecer as próprias relações interpessoais como guia de percurso'" (LISBOA, 2013, p. 23). A atitude etnográfica em Lisboa (2013), portanto, relaciona-se à própria utilização da etnografia como abordagem de pesquisa, que se direciona ao encontro do outro para compreendê-lo por meio do estudo de campo. Nele, o/a pesquisador/a se insere na busca por coconstruir, em diálogo com os/as participantes da pesquisa, verdades novas e conjuntas, fundamentadas nas constantes negociações de significados das experiências do/a etnógrafo/a e dos sujeitos da pesquisa em interação (LISBOA, 2013, p. 20-21).

No artigo de Willms (2014), "A fonoaudióloga da Te-Arte: experimentação vivencial pela brincadeira", cujo objetivo é apresentar uma "entrevista estruturada[23]" realizada com a fonoaudióloga da escola Te-Arte, em São Paulo, e o trabalho que ela desenvolve com as crianças da escola, a autora afirma que explorará, inicialmente, o que é uma entrevista em atitude etnográfica. Porém, apenas no resumo, a expressão "atitude etnográfica" aparece.

Para desenvolver a explicação sobre uma entrevista com tal atitude, Willms (2014, p. 44) apresenta suas "Breves considerações sobre a prática da entrevista". Nesse tópico, a autora pontua os pressupostos básicos da pesquisa etnográfica a partir de Geertz (1989) e chega ao conceito de "descrição densa" como norteador do trabalho etnográfico, assim como Azevedo (2006)[24]. A entrevista aparece como um dos elementos que permitem alcançar esse tipo de descrição.

Sobre a entrevista propriamente dita, a autora destaca o lugar ocupado por esse recurso como uma técnica de investigação e um instrumento para coletar dados, fazendo uma distinção entre entrevista aberta e fechada para, em seguida, dizer que "a entrevista semiestruturada[25] foi utilizada com objetivo de pesquisar a atividade desenvolvida pela fonoaudióloga de uma escola" (WILLMS, 2014, p. 45).

---

[23] Embora, no resumo do texto, a autora afirme que realizou uma "entrevista estruturada", no corpo do texto, considera que fez uma entrevista semiestruturada. Pelos argumentos que apresenta, parece que, de fato, a entrevista se orientou da segunda forma.

[24] Vale a pena pontuar que o conceito de "descrição densa" formulado por Geertz (1989) é recorrentemente utilizado nos trabalhos de pesquisa que adotam a etnografia em algum momento de seu estudo. Durante a escrita deste trabalho, foram raros os estudos etnográficos lidos, na amplitude e nas variações que estes possam apresentar, que não fizeram referência à "descrição densa".

[25] Ver nota 3.

PARA UMA EPISTEMOLOGIA DA EDUCAÇÃO ESCOLAR: CAMINHOS DE UMA ATITUDE ETNOGRÁFICA

Discorrendo um pouco mais sobre a entrevista, a pesquisadora sustenta a importância de realizá-la após a feitura do trabalho de campo, de modo que essa possa servir para verificar ou retificar as hipóteses levantadas nele. Ela apresenta, ainda, a perspectiva de Zago (2003), para dizer da importância da prática de entrevista como modo de aproximação com a realidade pesquisada. Após essas explicações, Willms (2014, p. 46) chega à consideração sobre sua pesquisa, no âmbito da qual recolheu alguns dados, observando a escola "sob uma perspectiva etnográfica". Os dados anotados em seu diário de campo, posteriormente, segundo a autora, foram confirmados pela entrevista realizada.

Do trabalho de Willms (2014), constrói-se o entendimento de que a atitude etnográfica está atrelada à realização da pesquisa "sob uma perspectiva etnográfica". Uma vez que se está realizando um estudo em tal perspectiva, a entrevista daí desdobrada, que tem como principal função ser um instrumento que auxilie no processo investigativo e confirme ou corrija as hipóteses do campo, seria uma entrevista realizada em atitude etnográfica.

"Atitude etnográfica" é expressão também encontrada no artigo de Patrick Boumard (1999, p. 1), traduzido por Jean-Marie Breton. Nele, o autor busca diferenciar a concepção de etnografia como método e etnografia como postura no desenvolvimento de uma pesquisa. No primeiro caso, trata-se de entender a etnografia como técnica de trabalho centrada na observação participante e no trabalho de campo. A etnografia como postura, por outro lado, é entendida como processo e assenta-se no interacionismo simbólico, que dá ao trabalho de campo "sua dimensão teórica indispensável". Segundo o autor:

> A excessiva glorificação do campo valoriza de maneira mitificada o real puro, esquecendo-se de que ele não é portador de nada senão de barbárie. A etnografia, não é de surpreender, está também envolvida pelo questionamento a respeito da noção de método (BOUMARD, 1999, p. 1).

Essa asserção de Boumard (1999) parece uma imprecação do campo como lócus de estudo do trabalho etnográfico, mas não é disso que se trata. Trata-se, antes, de encarar o campo como local onde se está e se obtém material precioso à construção de um discurso que tenha sentido, em vez de considerar o campo como portador de eloquência própria. Nessa obtenção, há uma implicação mútua entre os/as pesquisadores/as e os "atores", para utilizar um termo de Boumard (1999), com os quais se realiza a pesquisa.

O/a etnógrafo/a, nesse contexto, diferente dos demais, desenvolve um olhar atento para quaisquer indícios de uma produção de sentido, e é esse olhar que define uma postura, e não somente uma técnica. Tal postura está, no trabalho do autor, necessariamente implicada com a concepção de realidade presente no interacionismo simbólico, que a entende como uma construção não definida previamente.

> Através da noção de situação, impõe-se a ideia de que são os próprios atores que definem a situação na qual se encontram, e ao fazerem-na, estão a construí-la. [...] Os papéis dos atores que parecem estar prescritos pela sociedade (e isso é particularmente evidente no caso da escola) são de fato construídos em relação ao sentido que eles conferem às diferentes situações para cuja elaboração contribuem (BOUMARD, 1999, p. 4).

A postura etnográfica consiste, portanto, em olhar para realidade como um fenômeno em permanente construção e "sob efeito de diversas descrições do mundo produzidas por diferentes atores da situação" (BOUMARD, 1999, p. 5).

É desse panorama de Boumard (1999) que salta a expressão "atitude etnográfica", em um único momento do texto. Para dizê-la, o autor parte do exemplo de uma equipe formada por jovens estudantes pesquisadores, coordenada por ele próprio e por outro pesquisador, de modo a ilustrar a articulação entre a etnografia como postura metodológica e a concepção interacionista de construção da realidade. No exemplo, ele afirma que a equipe se debruçou durante dois anos sobre o desvio no âmbito escolar, buscando fazer um contraponto com trabalhos, considerados por ele, mais mediatizados.

Segundo o pesquisador, o interesse desses trabalhos recaía sobre a violência entre os jovens, relacionando-a ou a uma dimensão psicológica ligada à crise da autoridade paterna, ou aos problemas ligados ao desemprego e às condições de vida nas "periferias da exclusão". Sua equipe, ao deitar foco sobre o desvio, segundo suas observações, conseguiu deslocar-se do eixo dessas explicações para enxergar o plano de fundo sobre o fenômeno, chegando à seguinte consideração: o desvio está ligado à certa concepção de produção de norma.

Se entende-se o desvio pelo viés da margem ou da delinquência, a norma é tomada como preexistente ao exercício de entendimento do desvio. Dessa feita, a norma se torna objetivada, ao passo que o desvio assume como característica ser uma reação à norma. De outro modo, o trabalho descritivo sobre o campo realizado por sua equipe mostrou que a produção de desvios e de normas é simultânea e solidária, apoiando-se reciprocamente para encontrar o seu sentido na produção das próprias interações. Uma vez que o desvio é percebido fora da dicotomia desvio/norma, realidades completamente diferentes podem ser observadas sobre eles. Entre essas realidades, "uma pelo menos pressupõe uma atitude etnográfica apoiada sobre uma visão fenomenológica da sociedade ou, para melhor dizer aqui, uma concepção construtivista da realidade" (BOUMARD, 1999, p. 4).

Em Boumard (1999), a atitude etnográfica é utilizada como sinônimo da expressão por ele desenvolvida e explicada "postura etnográfica". Liga-se a uma concepção construtivista da realidade, que tem no interacionismo simbólico sua principal base de sustentação e entende a etnografia como uma metodologia global, segundo a qual o campo só ganha sentido pela descrição que dele se fizer, em detrimento do campo compreendido como espaço que produz conhecimento, independentemente do olhar de quem está nele.

> Não há, portanto, clivagem entre objeto e sujeito, mas um outro olhar sobre a realidade, a que chamamos de olho etnográfico, para designar o olhar sempre em situação e numa interação permanente com a mesma, que a define por seu turno em termos de construção interminável (BOUMARD, 1999, p. 6).

Nos cinco trabalhos destacados — a entrevista concedida por Soares a Silva (SOARES, 2015), as teses de Azevedo (2006) e Lisboa (2013), os artigos de Willms (2014) e de Boumard (1999) — a expressão "atitude etnográfica" aparece. Ela se mostra como um duplo, composto por semelhanças e diferenças em relação ao seu entendimento e apresentação; amarra-se a princípios e instrumentos discutidos e utilizados em etnografia, como a descrição densa, a entrevista, o campo e os sujeitos do estudo; espelha problematizações em relação à própria pesquisa etnográfica e aponta para novas possibilidades de leitura, ou como técnica, ou como postura.

No tocante às diferenças, pode-se afirmar que, em cada um dos trabalhos destacados, a atitude etnográfica ganha contornos distintos.

Na entrevista de Soares a Silva (SOARES, 2015), a atitude etnográfica, que surge na pergunta do segundo, pode ser compreendida como uma expressão que denota uma perspectiva de mudança que o/a etnógrafo/a sofre frente à situação vivenciada durante a realização da pesquisa de campo. A resposta tecida por Soares a essa questão recoloca tal atitude no tenso universo das discussões sobre pesquisador/a e o sujeito da pesquisa etnográfica, no que se refere à percepção e construção de conhecimento sobre este, ou com este.

Na tese de Azevedo (2006), "atitude etnográfica" é uma expressão que se relaciona à descrição densa e é tomada como condição *sine qua non* para que seja possível realizar tal descrição. O autor assume, diante dessa ideia, que aquilo que o/a etnógrafo/a toma como dado é, na realidade, sua própria construção da construção realizada por outrem; e a atitude etnográfica é o que permite manter essa percepção em mente e realizar uma descrição densa no trabalho.

Na tese de Lisboa (2013), "atitude etnográfica" é uma expressão que designa a prática de pesquisa etnográfica, que se caracteriza como uma franca tentativa de se aproximar do outro com o qual se pesquisa, buscando compreender suas interpretações e, mais que isso, pela constituição conjunta das interpretações de pesquisadores/as e pesquisados/as em interação, a apresentação de novas verdades, urdidas em um processo de coconstrução de conhecimento.

Em Willms (2014), a atitude etnográfica se liga à prática de entrevista realizada em um estudo que adota uma perspectiva etnográfica, tomada como um instrumento no desenvolvimento do trabalho. Uma vez realizada a entrevista no âmbito de um estudo de abordagem etnográfica, esta é considerada pela autora como uma entrevista com tal atitude. Daí, pode-se inferir que uma entrevista com atitude etnográfica é uma entrevista que busca ratificar ou corrigir as hipóteses levantadas no campo e compreender o que o entrevistado intenta significar.

Finalmente, no trabalho de Boumard (1999), "atitude etnográfica" é outra forma utilizada para nomear a ideia apresentada por ele de "postura etnográfica". A etnografia, mais que uma técnica de pesquisa que se aplica para mostrar o campo que se estuda tal como ele seria na "realidade", é uma metodologia que descreve um campo de estudo e, porque o descreve, o cria com os atores que estão implicados na situação e interação, entre os quais o/a próprio/a pesquisador/a, produzindo significados em um mundo em constante devir.

Se, por um lado, encontram-se especificidades em relação ao uso da expressão "atitude etnográfica" em cada um dos trabalhos destacados, por outro lado, percebe-se que, em alguma medida, o uso de tal expressão em cada um deles traz indícios de que existe nela algumas características comuns que aparecem em seus argumentos. Pode-se apontar que há uma ideia geral de que o outro com o qual se pesquisa é um agente na construção de conhecimentos[26]. É alguém que constrói entendimentos sobre determinado aspecto que se quer nomear ou explicar.

Outra característica comum aos trabalhos citados é que neles a expressão "atitude etnográfica" aparece vinculada a um estudo que utiliza os pressupostos da etnografia como metodologia de pesquisa acadêmica, em que o campo, os sujeitos e seus modos de realização estão previamente delineados para que o estudo se desenvolva.

Seja a pesquisa considerada uma etnografia, como no caso de Lisboa (2013) e Boumard (1999) — ainda que este problematize os conceitos relativos a ela e o próprio entendimento dos dados construídos no campo —, seja ela desenvolvida por meio de procedimentos e/ou instrumentos etnográficos, como se observa no caso dos trabalhos de Azevedo (2006) e Willms (2014), ou, ainda, as reflexões contidas na entrevista de Soares concedida a Silva (SOARES, 2015), vê-se a atitude etnográfica atrelada à etnografia como metodologia de pesquisa.

Diante desse cenário, não se nota nenhum tipo de empenho para conceituá-la. Apesar disso, as duas características da atitude etnográfica elencadas anteriormente encaminham à possibilidade de se adotar uma perspectiva a seu respeito e a impetrar, ao menos, um questionamento sobre ela.

A perspectiva é a de que, em atitude etnográfica, se encontra o outro e com ele se constrói os conhecimentos que possam dizer de suas formas de ser, dos sentidos do mundo, como bem colocara Boumard (1999), considerando este outro como sujeito capaz de fazê-lo e comunicando a outrem os resultados dessa construção.

O questionamento a tal perspectiva pode ser apresentado nos seguintes termos: uma vez que se assume a atitude etnográfica como o encontro com o outro a partir do qual conhecimentos são construídos e podem ser comunicados, haveria possibilidade de se pensar na manifestação de tal atitude para além de sua circunscrição em um estudo etnográfico que se desenvolve

---

[26] À exceção do trabalho de Willms (2014), todos os textos destacados neste capítulo apontam para a ideia de que existe uma construção de conhecimento, senão conjunta, ao menos compartilhada entre quem se propõe a fazer etnografia e aqueles/as que participam do trabalho etnográfico. Willms (2014), talvez pelo recorte para apresentação do artigo, não traz esse apontamento de modo tão evidente. O que se mostra no trabalho da autora é a ideia de que se busca uma compreensão de significados no contexto em que se pesquisa. Apesar dessa distinção em relação aos demais textos, ele tem outras características em comum com os demais, como se aponta adiante.

nos moldes de uma pesquisa acadêmica? Sendo essa resposta positiva, seria possível encarar a atitude etnográfica como prática de leitura de mundo em devir, que se processa nos mais diferentes espaços e situações em que se reconhece o outro em seu protagonismo na produção de conhecimento?

As respostas a essas perguntas podem ser afirmativas, assim como a consideração da perspectiva anunciada. Com base nelas, vislumbra-se um horizonte que permite delinear um conceito de atitude etnográfica para além de seu uso como expressão que destaque um aspecto da etnografia e, mais que isso, como um conceito que extrapole sua circunscrição aos estudos acadêmicos, todavia assegurando que tais estudos se mantenham como prática de construção de conhecimento validável, crível, sensível e atento aos sujeitos com os quais é construído.

Em Clifford (2014) e outros (CAIAFA, 2007; CAMPOS, 2014; KLINGER, 2007), encontra-se o arcabouço que permite sustentar e lapidar um conceito de atitude etnográfica que se coaduna às ideias apresentadas.

Clifford (2014) a mostra relacionando-a a um momento em que a etnografia ainda estava se desenvolvendo e se distanciava da tentativa de metodização pela qual passou para caber na cientificidade moderna. Nos idos dos anos de 1920, a partir de certa vanguarda parisiense, está o contexto em que o autor situa a atitude etnográfica, definida como uma predisposição cultural mais geral para compreender o outro, tomado como uma alternativa humana séria, isto é, uma alternativa humana possível e passível de entendimento no âmbito da cultura. Nessa circunstância, a atitude etnográfica se revela em um desenvolvimento transversal, aparecendo simultaneamente em diferentes áreas de produção de conhecimento e cultura que extrapolam os limites de um método aplicado, mesmo de uma metodologia de pesquisa antropológica e acadêmica.

Adiante, apresentam-se o contexto e as proposições de Clifford (2014), seguidas pelos/as demais autores e autoras citados/as, ampliando-as, colocando-as em discussão, expondo exemplos, com o objetivo de ir construindo uma argumentação que mostre os elementos presentes na constituição da atitude etnográfica e encaminhe a uma conceituação a seu respeito. Essa, como se buscará mostrar, pode prover uma contribuição ímpar a diversas áreas, particularmente à área educacional, tanto no que se refere aos aspectos relativos à produção de conhecimento, anunciando aqueles que são construídos nos contextos educativos, como no desenvolvimento de processos e práticas de ensino, porque, justamente, reconhece o outro como sujeito de conhecimento e cultura.

## 2.2 Encontros com os outros como sujeitos de conhecimento e cultura – etnografias possíveis

James Clifford (2014), ao discutir a experiência etnográfica considerando o desenvolvimento da antropologia e da literatura no decorrer do século XX, em dado momento, apresenta a atitude etnográfica, levando em conta certo contexto vanguardista parisiense do início daquele século, notadamente o surrealismo. Nesse âmbito, o questionamento a respeito da realidade encontrava na África, tornada exótica, elementos para que se questionasse a exoticidade da própria Europa.

Tanto o surrealismo moderno quanto a etnografia, para Clifford (2014), partiam de uma "realidade profundamente questionada" e, conforme enfatiza Klinger (2007, p. 67), desenvolvem-se em proximidade, interrogando o Velho Continente por meio dos recursos científicos e estéticos das sociedades então consideradas primitivas. Nesse contexto, a etnografia e o surrealismo desenvolvem, em um cruzamento de mão dupla (KLINGER, 2007), uma atitude que os faz se debruçarem sobre sua realidade imediata, buscando torná-la estranha.

Para Clifford (2014, p. 125), "o rótulo etnográfico sugere uma característica atitude de observação participante entre os artefatos de uma realidade cultural tornada estranha. Os surrealistas estavam intensamente interessados em mundos exóticos, entre os quais incluíam uma certa Paris". A atitude etnográfica consistia em considerar exótica quaisquer realidades culturais que se quisesse observar. Com ela, buscava-se também colocar diferentes culturas em um mesmo patamar para serem vistas, interpretadas e escritas. A evidência de que uma atitude etnográfica se desenvolvia entre as vanguardas parisienses dos anos de 1920 é observada nas publicações de *Documents*[27], em que se via como tal atitude podia funcionar a serviço de uma "crítica cultural subversiva" (CLIFFORD, 2014, p. 135).

Clifford (2014, p. 124) destaca um segundo elemento que designa como parte da atitude etnográfica, qual seja, a crença de que o outro, seja ele acessível por meio de uma mentalidade primitiva ou dos fetiches e sonhos, é objeto fundamental da pesquisa moderna. O outro, não necessariamente

---

[27] *Documents* foi uma revista francesa de arqueologia, belas artes e etnografia, cuja existência não ultrapassou dois anos (1929-1930) e 15 volumes publicados. Apesar disso, sua importância para o cenário intelectual da época e posterior foi de tal monta que, ainda nos dias atuais, se encontram artigos que a utilizam como referência para problematizações nos campos para os quais ela se voltava (MEFFRE, 2015; PEQUENO, 2013; THEOPHILO, 2012). A partir dela, foram apresentados conceitos não pensados anteriormente. Conforme destaca Pequeno (2013), a imagem, por exemplo, no interior de *Documents*, foi concebida como estruturante fundamental do pensamento, em detrimento da ideia então corrente de que ela era mera ilustração.

um agente externo, é um objeto de estranhamento sobre o qual o/a pesquisador/a se debruça para buscar construir alguma compreensão a respeito, e isso reforça a dimensão de que, entre os outros possíveis, também não há hierarquia cultural ou de conhecimento.

Segundo Clifford (2014, p. 137), "a atitude 'etnográfica' proporcionava um estilo de nivelamento cultural cientificamente validado, a redistribuição de categorias carregadas de valor, tais como 'música', 'arte', 'beleza', 'sofisticação', 'limpeza' etc.", e sua visão de cultura distanciava-se da ideia de estrutura orgânica, de integração funcional ou continuidade histórica. Ela podia ser tomada, antes, como semiótica. "A realidade cultural era composta de códigos artificiais, identidades ideológicas e objetos suscetíveis de recombinações e justaposições inventivas" (CLIFFORD, 2014, p. 138) e "ver a cultura e suas normas – beleza, verdade, realidade – como arranjos artificiais suscetíveis a uma análise distanciada e a uma comparação com outros arranjos possíveis é [era] crucial para uma atitude etnográfica" (CLIFFORD, 2014, p. 123).

Diante desse quadro, Clifford (2014) sustenta que a atitude etnográfica se apresenta entrelaçada com a arte e com a escritura, sendo compreendida como uma "predisposição cultural mais geral, que atravessa a antropologia moderna e que esta ciência partilha com a arte e a escrita do século XX" (CLIFFORD, 2014, p. 125). Além disso, argumenta que tal atitude não se confunde com uma técnica de investigação empírica, ou, como destaca o próprio autor, ela "é diferente, evidentemente, da técnica de pesquisa empírica de uma ciência humana que na França foi chamada de etnologia, na Inglaterra de antropologia social, e na América de antropologia cultural" (CLIFFORD, 2014, p. 125).

Vê-se, então, no trabalho de Clifford (2014), que a atitude etnográfica é uma disposição para encarar a cultura que a desierarquiza, desfamiliariza e considera a possibilidade de inúmeros arranjos dentro dela, os quais podem ser explorados e comparados em uma tentativa de análise distanciada.

> A etnografia, que compartilha com o surrealismo um abandono da distinção entre alta e baixa cultura, proporcionou ao mesmo tempo um fundo de alternativas não ocidentais e uma atitude predominante de irônica observação participante entre as hierarquias e os significados da vida coletiva (CLIFFORD, 2014, p. 135).

Na mesma direção, Klinger (2007) salienta que o próprio sentido de etnografia por trás da conceituação da expressão "atitude etnográfica" é anterior ao entendimento da etnografia como técnica de investigação.

Segundo suas considerações, ela ainda não existia nos anos de 1920 como um método claramente estabelecido. A atitude etnográfica, nas palavras de Klinger (2007, p. 67), é composta por "um conjunto de diversas maneiras de pensar e escrever sobre a cultura do ponto de vista da observação participante". Trata-se de, fazendo de seu familiar também um estranho, compor e decompor as hierarquias e relações "naturais" da cultura, observando os elementos dessa realidade cultural.

Há que se destacar três questões a respeito da atitude etnográfica, a partir das proposições feitas por Clifford (2014). A primeira se refere ao fato de que ela é uma "predisposição cultural mais geral", de acordo com a qual se vislumbra a possibilidade de compreensão da cultura.

A cultura, longe de ser estruturada, funcional ou orgânica é, sobretudo, semiótica, afeita a (re)arranjos, passíveis de compreensão e comparação mediante uma disposição de se afastar e se aproximar dela para entendê-la em seu acontecimento. Essa perspectiva faz com que a atitude etnográfica extrapole o delineamento de uma pesquisa — embora nela tal atitude também possa realizar-se, bem como sua inserção em um sítio para se denominar campo — e aponta para a possibilidade de pensá-la e desenvolvê-la para além desses limites. Conforme Clifford (2014) e Klinger (2007), a atitude etnográfica não é uma técnica de investigação empírica.

A segunda questão que precisa ser sublinhada é que o contexto no qual Clifford (2014) situa o surgimento da atitude etnográfica revela sua relação com outros domínios de conhecimento afora a antropologia, apontando para certa transdisciplinaridade em sua constituição. Além disso, sugere que seu desenvolvimento é anterior à tentativa de metodização pela qual passou a etnografia e sua vinculação a critérios que definissem um trabalho, numa perspectiva acadêmico-científica moderna dogmática, como etnográfico.

A terceira questão, finalmente, e a que se considera a mais relevante no contexto da tese que se defende neste livro, é que o outro deixa de ser encarado como objeto de estudo, isto é, coisa concreta a ser estudada, e passa a ser visto como alguém que é um igual, no sentido de que produz significados culturais e, por isso mesmo, produz também conhecimento. Conforme diria Clifford (2014, p. 124) a esse respeito, os outros, a partir da atitude etnográfica, passam a ser encarados "como alternativas humanas sérias", daí a possibilidade de vê-los, e a si mesmo, como outro, no intuito de observar e compreender ambos.

Seguindo a mesma linha de raciocínio desenvolvida por Clifford (2014), Stocking Jr. e George (1989), citados por Campos (2014), situam nos mesmos anos de 1920 o que nomeiam como "sensibilidade etnográfica". Para os autores, ainda que se tenha buscado, a partir daquele momento, circunscrever a etnografia nos ditames da antropologia e dar a esta a primazia no desenvolvimento da prática etnográfica, o que houve, desde sempre, dentro da própria disciplina, foi e continua sendo uma tensão permanente entre os dualismos nos quais se tentou enquadrá-la — objetividade/subjetividade, veracidade/falsidade — e que não permitem, por seu turno, a construção de um receptáculo capaz de conter a etnografia, nem como um método, nem como exclusividade da antropologia, senão como uma sensibilidade que o/a observador/a utiliza a fim de conferir sentido àquilo que observa.

Em sua argumentação, Campos (2014, p. 5) corrobora o lugar da etnografia não como uma disciplina ou como um método da antropologia a ser utilizado exclusivamente pelos/as profissionais da área, mas como uma "categoria do pensamento" — conforme leitura de Gonçalves sobre Câmara Cascudo —, sujeita a ser utilizada pelos/as antropólogos/as ou não antropólogos/as, "apontando para a existência de outras formas de etnografia para além das práticas profissionais".

Tanto a atitude etnográfica quanto a sensibilidade etnográfica expandem o sentido da etnografia para além do método, do campo e da disciplina, mostrando que o que a caracteriza, sobretudo, é uma disposição para encarar o outro. Embora seja possível marcar distinções entre atitude e sensibilidade etnográficas, no contexto em que elas emergem, ambas podem ser consideradas ligadas a uma mesma raiz e tecidas com base em suas semelhanças.

No trabalho de Campos (2014), a sensibilidade etnográfica se entremeia ao que ela considera uma atitude de abertura em relação ao outro e se revela como possibilidade a quaisquer observadores/as que se disponibilizem a compreender a cultura e os outros como sujeitos de si, a partir da qual o/a próprio/a observador/a é modificado/a. "Talvez o diferencial esteja justamente numa atitude e numa sensibilidade mais 'aberta' ao outro, e que permite [...] que se estabeleça uma relação de empatia, onde o outro acaba por conseguir ultrapassar a zona de conforto do observador e modificá-lo" (CAMPOS, 2014, p. 15). Percebe-se, na colocação da autora, que, pela atitude etnográfica, não só se considera o outro, como também se assume a mudança que afeta quem observa.

PARA UMA EPISTEMOLOGIA DA EDUCAÇÃO ESCOLAR: CAMINHOS DE UMA ATITUDE ETNOGRÁFICA

Caiafa (2007), contribuindo para a discussão e compreensão da atitude etnográfica, sustenta que existe um impulso transdisciplinar na etnografia que está no fato de que ela produz, antes de qualquer outra coisa, uma atitude, isto é, uma forma de se colocar na relação com o outro e na pesquisa, que é transferível a diferentes situações de estudo. Destaca, ainda, o que considera ser sua força interdisciplinar. Esta incide na utilização da etnografia por diferentes áreas, que não só apresentam interesse nesse tipo de investigação, como é o caso da comunicação, como também se apropriam ou poderiam apropriar-se das construções da pesquisa etnográfica, como é o caso do serviço social (CAIAFA, 2007, p. 174).

Diante das considerações perpetradas até aqui, pode-se apontar que há, na atitude etnográfica, uma vocação que fomenta a possibilidade de pensar e desenvolver seu exercício fora de espaços disciplinares e, ao mesmo tempo, sua realização por observadores/as que estejam atentos àquilo que a cultura constrói na relação do sujeito que observa com o outro, para além de sua circunscrição nas pesquisas acadêmicas com viés etnográfico. Mesmo no âmbito dessas pesquisas, a atitude etnográfica provê elementos para alargar o entendimento do que seja o campo de estudo. Sua principal característica, no entanto, incide sobre a viabilidade de enxergar o outro como "alternativa humana séria", como sujeito de si e que constrói significados culturais e, por isso mesmo, produz conhecimento a ser anunciado das mais variadas formas e em diferentes registros (SOARES, 2015).

A assunção da atitude etnográfica com essa dimensão promove o encontro com etnografias, no plural, com estudos, escritos, artes, literaturas, que se desenvolvem em atitude etnográfica, isto é, que se desenvolvem na deliberada consciência de que existe o outro, como cultura, como juízo, como sistema de valores, como legítimo outro (MATURANA, 2002).

É entendendo a atitude etnográfica desse modo que se pode admiti-la como um conceito, isto é, como uma explicação angariada por um conjunto de elementos que permitem apresentar determinada leitura da realidade por meio desses elementos mesmos. Com base neles, torna-se possível levar em conta a realização de uma série de trabalhos que se desenvolvem em atitude etnográfica, cuja contribuição para o entendimento da cultura, do pensamento e do próprio processo de produção do conhecimento é tão relevante quanto a própria assunção da possibilidade de exercê-la em diferentes áreas. É assim que se pode considerar, conforme Campos (2014), o desenvolvimento de uma "etnografia marioandradina", ou considerar, de acordo com Senna (2006, p. 177), a realização de uma descrição etnográfica tal qual a realizada pelo etnógrafo que soube caracterizar o Brasil em sua essência cultural mais típica, Guimarães Rosa.

Toma-se de empréstimo, neste livro, tanto a etnografia marioandradina como a descrição do etnógrafo Guimarães Rosa, para mostrar o desenvolvimento de dois trabalhos em atitude etnográfica que são reveladores de sua concretização para além dos espaços acadêmicos, mas que, nem por isso, deixam de dar uma importante contribuição à constituição do entendimento do mundo. Além disso, servem para mostrar outros aspectos relevantes em relação à atitude etnográfica, como sua inserção no processo formativo de quem a realiza.

Campos (2014), tomando a "etnografia marioandradina" em seus estudos, mostra que o próprio Mário de Andrade foi capaz de desenvolver uma cuidadosa observação de sua viagem ao Nordeste brasileiro e dos sujeitos que lá se encontravam, de modo a descrevê-los e compreendê-los, assim como, com eles, se modificar, sem que ele fosse nem um antropólogo, nem mesmo um acadêmico formado em nível superior. A atitude etnográfica propiciou ao poeta e escritor o encontro genuíno com lugares e pessoas pelos quais revela uma profunda afetação. Entre tais pessoas, está Chico Antônio, coqueiro potiguar, que provocaria marca indelével em Andrade, alterando-o substancialmente (CAMPOS, 2014, p. 15).

De modo semelhante ao destaque feito por Campos (2014) em relação a Mário de Andrade, Senna (2006), em uma densa discussão a respeito do lugar da etnografia na produção de conhecimento em ciências humanas e da sua relevância para a compreensão dos sujeitos sociais alheios ao modelo arquetípico de sujeito cartesiano, mostra como Guimarães Rosa, em seu *Grande sertão: veredas*, foi capaz de apresentar um registro minucioso de categorias sociais que podem ser consideradas uma descrição, tal qual a que se propõe em um trabalho etnográfico. O autor observa que a peça de literatura, por ele adotada como etnográfica, é:

> [...] sem sombra de dúvidas, delicada e preciosa grafia social, não propriamente amparada em realidade objetiva de mundo – um *corpus* colhido de vida vivente –, mas minuciosamente organizada como registro de categorias sociais que dão conformação a um sistema de valores tipicamente aplicável à descrição etnográfica (SENNA, 2006, p. 177).

Moraes e Oliva (2013), corroborando a perspectiva de Senna (2006), sublinham que a escrita rosiana em *Grande sertão* pode ser tomada como um posicionamento intelectual literário e, ao mesmo tempo, "à moda etnográfica", isto é, "como um modo de interpretar e narrar processos, atores, ambientes, de um sertão-mundo, ao mesmo tempo, como representações e para além delas" (MORAES; OLIVA, 2013, p. 1). Em decorrência desse trabalho, as autoras ressaltam que tanto a obra rosiana quanto a antropologia[28] "apresentam instrumental analítico, retórico e metodológico, como ferramentas heurísticas articuláveis e convergentes no trabalho de apreensão do imaginário social de sertão" (MORAES; OLIVA, 2013, p. 2).

A atitude etnográfica de Guimarães Rosa[29] permitiu a ele a apresentação detalhada e cuidadosa de um sistema de valores que se refere a acontecimentos pertinentes à cultura em determinada situação, buscando afastar-se da emissão de juízos preconcebidos sobre ela, sem com isso deixar de lado seu papel de narrador implicado no caso contado. Conforme Senna (2006, p. 177), "desvela-se aí o sujeito ontológico, o etnógrafo Guimarães, iniciando a grafia de mundo, pela voz de um narrador que, logo adiante, assume a voz do narrador primário, o Jõe, contador de casos"[30]. Nessa grafia, encontra-se Maria Mutema, mulher cuja conduta rege a narrativa, entremeada por outras personagens e que ajudam a revelar, com base em categorias (metafóricas) que vão sendo tecidas ao longo do texto, a natureza da sociedade sertaneja anunciada na obra, mas, sobretudo, a normalidade de Mutema.

Os parâmetros de normalidade, aliás, estão entre as preocupações que Senna apresenta em seus estudos no contexto da educação (SENNA, 2007, 2008, 2014), presentes também no estudo ao qual se faz referência neste livro (SENNA, 2006). Especificamente em relação a este, vale a pena fazer uma digressão e ressaltar desde já que o autor mostra a importância da etnografia, seja ela como prática de pesquisa ou como atitude, para construir seus estudos, pois, reconhecendo no outro, a priori, uma normalidade que pode não ser a mesma com a qual o etnógrafo opera, se dedica a anunciá-la, ressaltando-a a partir do sistema em que está inserida e que, muitas vezes, entra em confronto com uma suposta universalidade do que seja normal,

---

[28] No entendimento apresentado pelas autoras, a antropologia é vista a partir de uma série de elementos que retiram dela quaisquer referências a uma pretensa objetividade e alienação em relação às formas de conhecer.

[29] Embora Senna (2006) não utilize a expressão "atitude etnográfica", no trabalho de Vasconcellos (2015), encontra-se explicitada uma relação entre a atitude etnográfica e o *Grande Sertão: veredas*.

[30] Vale destacar, conforme Campos (2014), que a escrita etnográfica carrega muito das características literárias, embora, por muito tempo, se tenha buscado afastar a relação entre ambas, em nome de uma pretensa objetividade de tal escrita.

considerando a idealização científica que nos acompanha. Assim, possibilita que os diferentes sujeitos possam ser percebidos em suas particularidades, em vez de percebidos por uma leitura que busca enquadrá-los em algum padrão.

Para fazer um contraponto ao *Grande sertão* de Guimarães Rosa e chamar atenção para o fato de que não é toda obra que se desenvolve em atitude etnográfica, é possível citar outro famoso sertão, melhor dizendo, *Os sertões*, de Euclides da Cunha. Este, embora seja um trabalho literário bastante conhecido, não apresenta traços de que foi escrito tal como a obra de Rosa. Willi Bolle[31] (2001) salienta que Rosa é mais coerente e profundo que Cunha, justamente porque no primeiro existe uma etnografia que se baseia na audição do sertanejo e na garantia do seu espaço para falar. No segundo, por outra parte, existe uma antropologia de autor, uma forma autoral de escrever sobre o sertão. Nas palavras de Bolle (2001, s/p):

> Enquanto Euclides escreveu sobre o sertão de uma forma autoral, uma antropologia de autor, a antropologia e a etnografia de Guimarães Rosa se baseiam em ouvir o sertanejo falar e deixar o sertanejo falar. Em Rosa, a matéria-prima é a fala do sertanejo. Isso diferencia os dois escritores de maneira radical.

O próprio Mário de Andrade dirige uma dura crítica ao livro de Euclides da Cunha, por não encontrar nele aquilo que ele próprio encontrara no Nordeste sobre o qual escrevera. O poeta o chama de "um livro falso", pois:

> A desgraça climática do nordeste não se descreve. Carece ver o que ela é. É medonha. O livro de Euclides da Cunha é uma boniteza genial porém uma falsificação hedionda [...] Euclides da Cunha transformou em brilho de frase sonora e imagens chiques o que é cegueira insuportável deste solão; transformou em heroísmo o que é miséria pura, em epopeia... Não se trata de heroísmo não. Se trata de miséria mesquinha, insuportável, medonha. Deus me livre de negar a resistência a este nordestino resistente. Mas chamar isso de heroísmo é desconhecer um simples fenômeno de adaptação (ANDRADE, 1976 *apud* CAMPOS, 2014, p. 25).

Nos escritos de Andrade e Rosa, à luz de Campos (2014) e Senna (2006), mostra-se a face de uma atitude etnográfica que, para além de uma

---

[31] Professor de literatura alemã na Faculdade de Filosofia, Letras e Ciências Humanas da Universidade de São Paulo (FFLCH-USP) e estudioso de Guimarães Rosa. Concedeu entrevista à Fundação de Amparo à Pesquisa do Estado de São Paulo (Fapesp), em 2001, na qual trata do estudo que estava desenvolvendo sobre Rosa.

anotação desinteressada do outro e da cultura, se revela, no caso do primeiro, como uma atitude que se coloca disponível ao encontro desse outro para compreendê-lo como alguém que cria significados culturais com aqueles que vão ao seu encontro; e, no caso do segundo, como possibilidade de entender e tipificar um sistema social com parâmetros de normalidade constituídos em seu próprio interior, bem como das pessoas que estão envolvidas nele, no qual se está implicado a partir do momento em que se intenta descrevê-lo.

Vejamos, então, o que a atitude etnográfica em ambos os autores pode mostrar. Para isso, a seguir, apresenta-se, em princípio, a narrativa de Guimarães Rosa, que gira em torno de Maria Mutema, seguida das leituras sobre algumas considerações propostas por Senna (2006) e, posteriormente, da atitude etnográfica de Mário de Andrade no Nordeste brasileiro e seu encontro com Chico Antônio, com base no trabalho de Campos (2014).

As etnografias contidas em ambos permitem perceber a atitude etnográfica em seu acontecimento, aprofundando a perspectiva que vem sendo apresentada a respeito dela e pondo em evidência um de seus aspectos: o fato de que ela passa a fazer parte da vida de quem a pratica. E, vivendo nela, mantém-se uma disposição constante para encontrar o outro, assumindo os sentidos e os conhecimentos produzidos com ele e os apresentando a outrem, no âmbito acadêmico, pelos meios de comunicação, em diferentes plataformas de registros e anunciação. Além disso, a discussão adiante amplia a visão que permitirá pensá-la especificamente no âmbito educacional.

## 2.3 Quantos Antônios e quantas Mutemas cabem em uma atitude etnográfica? – viagens e leituras com Mário de Andrade e Guimarães Rosa

*E o Jõe contava casos. Contou. Caso que se passou no sertão jequitinhão, no arraial de São João Leão, perto da terra dele, Jõe. Caso de Maria Mutema e do Padre Ponte.*
*(Guimarães Rosa)*

Guimarães Rosa, ao narrar a história de Maria Mutema, considerado um dos principais casos do *Grande sertão* (SANTOS; RIBEIRO, 2011), traz a escrita em uma tessitura que aponta, de um lado, para a possibilidade de realização do registro etnográfico, em que não se prega nem a isenção de seu autor, nem dos outros que são narrados na organização da história, e, de outro, para indícios de uma atitude etnográfica sem a qual, sustenta-se neste trabalho, tal construção não seria possível na forma e na sensibilidade com a qual ela se apresenta.

O registro etnográfico é, nos dizeres de Senna (2006, p. 176), "por excelência, exemplo de conduta inferencial", esta que marca a intenção do/a pesquisador/a ao buscar em sua observação os dados que sejam prototípicos do estado de mundo que está sendo contemplado, de maneira que possa, com base neles, construir categorias para descrever o sistema de valores que se apresentam. Leva-se em consideração o conjunto de fatores que tornam os dados protótipos de normalidade em determinado sistema, para além de situações que possam ser lidas como estranhas ou místicas em seu interior, ainda que estas existam e sejam compartilhadas como valor pelo sujeito que as descreve.

O registro etnográfico, acompanhado pela atitude que o subjaz, resulta de ajuizamento crítico e de recriação do espaço simbólico, não se limitando a ser uma mera fotocópia da realidade. Assim, ele assume um caráter de metáfora da vida, e não de imitação da vida, tal qual o discurso literário quando tomado pelo interesse antropológico (MORAES; OLIVA, 2013). Propõe-se aqui observar, então, as construções (metafóricas) no trabalho de Rosa, que se estendem ao trabalho etnográfico de um modo geral, e os elementos que permitem enxergar em sua escrita uma atitude etnográfica, levando-se em conta as observações propostas por Senna (2006).

Desde o início da narrativa, Guimarães Rosa coloca em evidência quatro interlocutores que têm um papel fundamental na construção da história a ser contada, deixando transparecer o lugar ocupado por cada um. São eles: Jõe, personagem que se assume como narrador primário; a "voz que tece o romance", compreendida como o narrador secundário; intencionalmente fundido a este, está a figura do narrador ontológico, que é o próprio Guimarães Rosa, etnógrafo; e, finalmente, as/os leitoras/es, como o quarto interlocutor, para os quais se dirige a obra narrada (SENNA, 2006, p. 177-178).

A fundição do narrador secundário com o narrador ontológico tem uma importância fundamental para a compreensão da narrativa que segue, pois que, ao assumir essa fundição, se pode perceber como tal narrador se coloca diante da situação descrita, revelando suas impressões e os próprios valores, com isso, mostrando-se implicado na narrativa realizada. Considerando essas observações iniciais, apresenta-se Mutema mediante a descrição do "sertanejo Jõe", escrita em minhas palavras, com algumas inserções de

*Jõe*, para, depois dela, tecer alguns comentários sobre a narrativa de Rosa e aquilo que pode ensinar sua etnografia.

Maria Mutema era uma mulher como todas as outras que viviam no arraial. Senhora vivida, carregava consigo os preceitos sertanejos: contida, pouco dada a demonstrações de sofrimento em público, assim como as demais. Certa feita, deu-se que seu marido morreu. Amanhecera morto de madrugada, ao que Mutema chamou os vizinhos mais próximos para atestar se o homem havia, de fato, morrido. Tais vizinhos ratificaram o ocorrido: seu marido estava morto. E concluíram que a morte se dera em virtude de um acesso do coração, haja vista que o homem gozava de boa saúde.

Do dia da morte do marido em diante, Mutema passou a frequentar a igreja todos os dias e, além disso, de três em três dias, ia se confessar. Nas palavras do sertanejo: "O que deu em nota foi outra coisa: foi a religião da Mutema, que daí pegou a ir à igreja todo santo dia, afora que de três em três agora se confessava" (ROSA, 1994, p. 308). Andava sempre de preto, como costume local e, durante a missa, mantinha seus olhos na direção do padre, que era um bom homem, de meia idade, meio gordo e bem estimado de todos. Apesar disso, o padre tinha um defeito: "ele relaxava". Neste relaxamento, gerara três filhos com a mulher que governava sua casa e cozinhava para ele. Assim como Mutema, essa mulher atendia pelo nome de Maria e era conhecida como a "Maria do Padre".

Embora se possa imaginar que a relação do padre com Maria do Padre pudesse ser tida como um escândalo no arraial, há que se considerar que, à época, ninguém achava a situação escandalosa; achavam mesmo que era um acontecimento corriqueiro, trivial. Os meninos de Maria do Padre eram considerados bonitinhos e bem-criados, e, a despeito deles e de sua relação com Maria, o padre era visto como um "vigário de mão cheia": atendia a qualquer hora do dia e da noite, pregava seu sermão com muita virtude e levava a santa hóstia do Senhor aos roceiros, de modo a confortá-los.

Com o passar do tempo, a frequência com que Maria Mutema ia se confessar começou a causar estranheza nos sertanejos locais. Questiona-vam-se se Mutema teria tantos pecados que necessitasse confessar-se de três em três dias. Também notaram que o padre ia receber a confissão a contragosto, esta que, de acordo com o sacramento, se passa e se mantém guardada somente entre os dois que a compartilham. Notaram, ainda, que, nas primeiras vezes em que Mutema estivera no confessionário, o padre "ralhava com ela" de maneira terrível. Todavia, o modo como Maria Mutema deixava o confessionário mais lembrava uma "santa padecedora": os olhos baixos que deixavam transparecer uma humildade serena. Padre Ponte, por sua vez, apresentava em suas feições um forte sofrimento e temor todas as vezes que era convocado a ouvir a confissão da mulher, a qual não podia negar, dado seu ofício.

No decorrer dos dias, Padre Ponte foi ficando doente, a ponto de estar à beira da morte. Dia após dia, ele emagrecia, apresentava dores, "amofinava o modo" e, finalmente, acabou morrendo "duma cor amarela de palha de milho"; e morreu triste. Daí em diante, Maria Mutema nunca mais voltou à igreja, mesmo com a chegada de outro padre a São João Leão. Sendo ela uma mulher soturna, pouco dada a conversas, ninguém se atreveu a indagar por que passou a proceder desse modo.

Passados mais uns anos da morte de Padre Ponte, quando se deram os tempos das missões, chegaram no arraial dois missionários. Ambos eram padres estrangeiros, tinham rostos corados, eram fortes, assim como seus sermões. Estavam sempre na igreja pregando, recebendo confissões, rezando e aconselhando. Seus modos religiosos eram enérgicos, e ninguém brincava com eles, "pois tinham de Deus algum encoberto poder, conforme o senhor vai ver, por minha continuação. Só que no arraial foi grassando aquela boa bem-aventurança" (ROSA, 1994, p. 311).

Certo dia, em noite anterior ao domingo em que se celebraria a festa de comunhão geral e glória santa, assim que foi findada a bênção e um dos missionários subiu ao púlpito para a prédica, dando início à oração de Salve Rainha, Maria Mutema entrou na igreja e esbarrou no padre. Todos levaram um susto, "porque salve-rainha é oração que não se pode partir em meio em desde que de joelhos começada" (ROSA, 1994, p. 311). O padre deu continuidade à oração, mas sua voz estava notadamente mudada. Tão logo terminou, debruçou-se no púlpito, deu um soco no pau do peitoril e, com o rosto rubro, gritou: "A pessoa que por derradeiro entrou, tem de sair"! Todos os presentes ficaram estarrecidos diante da situação e começaram a buscar Mutema com seus olhares. O missionário, por sua vez, deu continuidade à sua fala:

> Que saia, com seus maus segredos, em nome de Jesus e da Cruz! Se ainda for capaz de um arrependimento, então pode ir me esperar, agora mesmo, que vou ouvir sua confissão... Mas confissão esta ela tem de fazer é na porta do cemitério! Que vá me esperar lá, na porta do cemitério, onde estão dois defuntos enterrados!... (ROSA, 1994, p. 312).

PARA UMA EPISTEMOLOGIA DA EDUCAÇÃO ESCOLAR: CAMINHOS DE UMA ATITUDE ETNOGRÁFICA

Diante da fala do missionário, os que estavam dentro da igreja, conforme dito apresentado por Jõe, "sentiram o rojo dos exércitos de Deus, que lavoram em fundura e sumidade". As mulheres gritavam, assim como os meninos, algumas outras caíam no chão, e ninguém deixou de se ajoelhar. Entre esses, muitos choravam. Maria Mutema, sozinha de pé diante da situação, deu um gemido com lágrimas e exclamou pedindo perdão. "Perdão forte, perdão de fogo, que da dura bondade de Deus baixasse nela, em dores de urgência, antes de qualquer hora de nossa morte". Depois disso, começou a falar. Em meio ao pranto e diante de todos que ali estavam, passou a se confessar, como se quisesse alcançar também o perdão de todos os presentes. Disse que tinha matado o marido, sem nenhum motivo, sem nenhum malfeito da parte dele, o matou enquanto estava dormindo, despejando em seu ouvido, com um funil, chumbo derretido. Os presentes que ouviram o relato de Mutema ficaram transtornados. Nas palavras do narrador, o relato aparece da seguinte forma:

> E rompeu fala, por entre prantos, ali mesmo, a fim de perdão de todos também, se confessava. Confissão edital, consoantemente, para tremer exemplo, raio em pesadelo de quem ouvia, público, que rasgava gastura, como porque avessava a ordem das coisas e o quieto comum do viver transtornava. Ao que ela, onça monstra, tinha matado o marido – e que era cobra, bicho imundo, sobrado do podre de todos os estercos. Que tinha matado o marido, aquela noite, sem motivo nenhum, sem malfeito dele nenhum, causa nenhuma –; por que, nem sabia. Matou – enquanto ele estava dormindo – assim despejou no buraquinho do ouvido dele, por um funil, um terrível escorrer de chumbo derretido (ROSA, 1994, p. 313).

Na continuidade do relato, registra-se a afirmação de Maria Mutema de que, uma vez tendo enjoado do Padre Ponte, também sem motivo, começou a mentir para ele, dizendo que tinha matado o marido porque dele gostava e queria ser sua "concubina amásia". Isso, no entanto, não era verdadeiro. Todavia, percebendo que o padre se zangava com sua colocação, passou a repeti-la e a sentir prazer nisso. O padre, por ser "homem manso" e "padre", não tinha muito o que fazer diante da situação. Logo em sequência, como se viu, Padre Ponte adoeceu e veio a falecer "em desespero calado".

Frente à situação deflagrada, o missionário, no púlpito, entoou "Bendito, louvado seja!" e, ao mesmo tempo, fazia sinal para que as mulheres saíssem da igreja, de modo que só os homens nela permanecessem, a fim de fazer a última pregação do dia, que era mesmo, como o costume, feita somente para os senhores homens. No dia seguinte, o arraial estava todo enfeitado e pronto para a festa que ocorreria: arcos e cordas de bandeirolas, o espaço delimitado para o festejo, muitos foguetes, a missa sendo cantada, procissão... Não obstante, todos só pensavam no acontecido da noite anterior.

A essa altura, Maria Mutema estava presa provisoriamente. Não comia, estava sempre de joelhos, pedindo perdão e castigo. Pedia também para que todos fossem cuspir em seu rosto e dar-lhe bordoadas. Os ossos de seu marido foram desenterrados, e conta-se que, ao sacolejar o esqueleto, a bola de chumbo sacudia dentro dele.

Mutema permaneceu em São João Leão por mais de uma semana. Os missionários já tinham ido embora e, ao seu encontro, foram autoridades, delegados e praças. Levaram-na para a cadeia de Arassuaí, onde seria julgada. Enquanto permaneceu em São João Leão, todavia, o povo ia até ela para levar-lhe palavras de consolo, rezar com ela e conceder-lhe perdão. Maria do Padre, com seus filhos, foi também levada até Mutema para lhe dar perdão. Esses gestos começaram a produzir bem-estar e edificação. "Mesmo, pela arrependida humildade que ela principiou, em tão pronunciado sofrer, alguns diziam que Maria Mutema estava ficando santa" (ROSA, 1994, p. 315).

A narrativa de Rosa traz alguns elementos que corroboram as afirmativas que foram feitas inicialmente a respeito de sua obra e da atitude etnográfica do romancista. Conforme Senna (2006, p. 179), Maria Mutema é apresentada pelo "etnógrafo Guimarães" como uma mulher do povo e tipifica a mulher sertaneja, parte de um sistema social "instituído e regulado por categorias que lhe imprimem relações de causalidade e tipicidade incomparáveis a quaisquer outras, um sistema, portanto, cuja normalidade se pode explicar com base em categorias inferenciáveis".

Na análise feita pelo autor, mostra-se as normalidades assinaladas e destaca-se a realização de um cuidadoso registro no qual se busca sustentar tal normalidade porque, a priori, leva em conta uma construção que a explicita nesses termos. Chama-se atenção, no entanto, para o fato de que, quando categorias extrainferenciáveis passam a fazer parte da narrativa, a mesma construção de normalidade faz-se presente nela. Isso acontece, por exemplo, quando a *misticidade* surge como categoria extrainferenciável e é acompanhada por uma descrição em que se evidenciam as impressões de quem descreve, mostrando-se com seus valores e princípios em relação a ela.

Olhando para a narrativa que consta em *Grande sertão*, Senna (2006) ressalta a mística anteriormente referida e revela a postura do romancista, que assume o lugar na descrição realizada sem querer promover algum tipo de imparcialidade em relação a ela, colocando-se, inclusive, como parte dela, de maneira que fica evidente uma coconstrução (LISBOA, 2013), uma produção de sentido na situação (BOUMARD, 1999), uma constituição de significados culturais (CAMPOS, 2014).

Na continuidade de sua análise, Senna (2006) mostra que a devoção de Mutema à confissão, em princípio, não causa estranheza, haja vista que uma viúva se dedicar à fé em detrimento da vida pública não seria algo digno de nota. O estranhamento é evocado quando se começa a dizer que Mutema se confessava a cada três dias, o que insere no sistema de normalidade sustentado por Rosa, inclusive em relação ao fato de o padre ter mulher e filhos, coisa considerada comum, uma situação extrainferenciável.

A categoria mística começa a ser introduzida quando sobre o Padre Ponte passa a se destacar a figura do mito, em que o próprio nome, Ponte, sugere seu lugar entre o mundo ordinário e o extraordinário e destaca suas características, não como homem, mas como padre, que, por isso mesmo, deve cumprir com deveres que não seriam possíveis ao homem, como a escuta de Maria Mutema e a preservação do segredo por ela revelado. A Maria Mutema também é imputada à mesma categoria, a partir do momento em que, no relato da frequência de sua confissão, se registra sua semelhança com uma "santa padecedora" ao deixar o confessionário. A figura do narrador secundário — na qual está fundido Guimarães, o narrador ontológico —, quando diante dos fatos que não podem ser explicados por inferências regulares, é justamente quem constrói a categoria mística para dizer dos acontecimentos narrados. Ele assume a história, de maneira que passa a "falar" com os sertanejos.

A chegada dos missionários estrangeiros, na continuidade dos fatos narrados, é carregada das mesmas impressões. A eles Rosa imputa o mesmo caráter místico identificado no Padre Ponte e em Mutema. A diferença entre aqueles e esses dois últimos consiste em que, além de serem estrangeiros, a eles fora atribuída uma mística maior, tal qual fossem dotados de algum poder encoberto, que os difere das gentes do sertão.

É construindo a misticidade como categoria que opera no âmbito do simbólico, na qual Rosa se coloca como parte, que ele vai tecendo os fios que dão o enlace final da narrativa, garantindo o registro do sistema descrito e que pode ser sintetizado na figura de Maria Mutema, a qual, a despeito da morte do marido e do padre, sobre as quais lhe recai a culpa, mantém a imagem "mística" de outrora: "estava ficando santa".

Diante dessas considerações sobre o caso de Maria Mutema — em que se percebe a realização de um registro no qual aquele que descreve se revela no desenvolvimento da situação, deixando transparecer a organização conjunta de valores e juízos em relação à descrição feita —, pode-se construir o entendimento de que a categoria constituída para apresentar os fatos narrados, isto é, a misticidade presente na vida sertaneja apresentada por Rosa, simboliza o desenvolvimento de um trabalho em que vão se constituindo os sentidos que são apresentados. Dito de outra maneira, além da tessitura encontrada na narrativa, salienta-se a apresentação da vida sertaneja, através da construção de "metáforas que se projetam para o mundo e a ele dão conformidade num universo em que o simbólico prepondera sobre o objetivo" (SENNA, 2006, p. 185). É exatamente esse universo simbólico, tão bem construído, descrito e narrado por Rosa, que, como destacado por Senna (2006, p. 185), é "capaz de acolher a normalidade de uma Maria Mutema" e sintetiza a atitude etnográfica, além do registro etnográfico que perpassa seu trabalho.

Acolher Maria Mutema significa, virtualmente, a possibilidade de acolher os sujeitos sociais na diversidade que lhes constituem, mediante proposição de categorias explicativas, com eles, que possam apresentar um mundo que sustente a implicação de todos em sua construção. Na esteira de tal possibilidade, encontra-se Chico Antônio, acolhido na "viagem etnográfica" de Mário de Andrade ao Nordeste brasileiro e que traz para o universo de "vida vivente" o registro de como encarar o outro como sujeito de si e construir com ele categorias que sirvam para explicar-lhe e explicar as diferentes situações nas quais ambos se inserem, elaborando perspectivas de um mundo em devir.

Assim como se percebe em Rosa, encontra-se em Andrade os indicativos de uma atitude etnográfica, a qual leva o escritor a se lançar ao encontro com o outro, buscando compreendê-lo em um processo que modifica a si mesmo. A partir do trabalho de Campos (2014), apresenta-se a "viagem etnográfica" de Mário e destaca-se dela a compreensão desenvolvida a respeito de Antônio.

Mário de Andrade, em viagem ao Nordeste do Brasil, entre dezembro de 1928 e março de 1929, fez o registro sistemático daquilo que encontrara pelo caminho, o que deu origem a 70 crônicas publicadas no *Diário Nacional*, periódico paulista da época, sob o título de *O turista aprendiz*. Ao reuni-las todas em uma única pasta em seu arquivo pessoal, Andrade as nomeou como "O turista aprendiz — viagem etnográfica" (CAMPOS, 2014, p. 2).

Nessa viagem, Campos (2014) assinala as considerações de Andrade a respeito das circunstâncias sociais que encontrara e, ainda, uma preocupação em apresentar uma visão que estivesse embasada na observação que tinha feito. A autora destaca que Mário de Andrade não dissociava a cultura popular das condições de produção nas quais ela acontecia e, por isso mesmo, buscava sempre noticiar o estado de moradia, trabalho e alimentação do "homem do povo".

É sobre esse pano de fundo que se desenvolve, na visão de Campos (2014, p. 24), a análise cultural de Andrade, que é "uma análise da diversidade cultural, sem encobrir as relações sociais desiguais nas quais ela está calcada". Dito de outro modo, o poeta articula duas questões fundamentais para se pensar a sociedade brasileira: "a relação entre as *diferenças*, marcadas nas diversidades culturais, e as *desigualdades*, expressas nas contradições sociais" (CAMPOS, 2014, p. 27). Nesse sentido, dois temas transversalizam os relatos de Andrade: de um lado, a seca devastadora do sertão e, do outro, a intensa migração nordestina, sobretudo para São Paulo. Ambas as situações, fortemente presentes em algumas de suas crônicas, renderam, por exemplo, o registro e a divulgação de uma visão outra a respeito do nordestino.

O homem nordestino, para Andrade, não é um forte, um herói que consegue aturar e viver nas situações adversas que o sertão oferece. Ele é um sujeito que, frente às adversidades e necessidades de adaptação que garantam a sua sobrevivência, resiste. Nesse contexto, todavia, os mais fortes vão embora e vão para o Sul, a fim de tentar construir uma vida que lhes seja mais adequada. A crítica direcionada às condições de vida do nordestino é apontada diretamente às autoridades governamentais, que adotaram um modelo desenvolvimentista civilizável à *la* Europa, centrado nas grandes cidades e, em nome do "progresso", deixaram de lado o Nordeste, que se via em condições gerais de depauperamento. Por conta disso, famílias inteiras se diluíram, pois seus membros foram obrigados a migrar, em busca de uma existência que sua terra não podia prover.

Se, por um lado, a atitude etnográfica permitiu a Andrade desenvolver tais percepções a respeito do Brasil nordestino pelo aspecto da desigualdade, por outro, a diversidade cultural não passou ao largo de sua descrição. E no encontro com essa diversidade está Chico Antônio, coqueiro potiguar —

coqueiro que canta cocos[32] —, como uma das personagens mais significativas para falar da atitude e da sensibilidade aberta ao outro, características do poeta.

De acordo com Campos (2014), o encontro de Andrade com o coqueiro é fundamental para que se possa compreender a dimensão de trabalho e pesquisa que perpassa a viagem etnográfica do escritor paulista. Tal situação faz com que a rotina burocrática de coleta musical por ele vivida seja modificada diante de uma comoção incontrolável com a qual se depara. O encontro com Chico Antônio deu-se no Rio Grande do Norte, no Engenho Bom Jardim, por intermédio de um amigo de Andrade, na segunda noite em que estava por lá. Na primeira crônica que escreve a respeito desse momento, acha-se uma descrição do coqueiro no desenvolvimento de sua arte, seguida por exclamações do próprio poeta:

> Pra tirar o "Boi Tungão", Chico Antônio geralmente se ajoelha. Parece que ele adivinhou o valor artístico e social sublimes dessa melodia que ele mesmo inventou e já está espalhada por toda esta zona de engenhos. Então se ajoelha pra cantá-la [...]. Vem da terra, canta por cantar, por uma cachaça, por coisa nenhuma e passa uma noite cantando sem parada. [...] O que faz com o ritmo não se diz! Enquanto três ganzás, único acompanhamento instrumental que aprecia, se movem interminavelmente no compasso unário, na "pancada do ganzá", Chico Antônio vai fraseando com uma força inventiva incomparável, tais sutilezas certas feitas que a notação erudita nem pense em grafar, se estrepa [...] Sem parar. Olhos lindos, relumeando numa luz que não era do mundo mais. Não era desse mundo mais (ANDRADE, 1929 *apud* CAMPOS, 2014, p. 16).

Vê-se, nesse relato, comparativamente ao que Senna (2006) destaca sobre Maria Mutema, a mística com a qual Mário de Andrade envolve Chico Antônio, colocando, tal qual o narrador ontológico-secundário Guimarães Rosa, as impressões que tinha frente à situação vivenciada. Além disso, percebe-se o cuidado na descrição que faz, de modo que não se encontra nela vestígio de atipicidade ou anormalidade. O que se percebe, isso sim, é o encantamento diante do diverso de Chico Antônio, que pode ser sintetizado

---

[32] O coco é um ritmo musical constituído no Nordeste do país. Tem como principais instrumentos o ganzá, o surdo, o pandeiro e o triângulo, mas é o tamanco, isto é, a sandália de madeira que imita o som de cocos se quebrando, que dá a cadência da melodia. Esta é acompanhada pela embolada, ou seja, pela cantoria acelerada e com palavras que são ditas "de cabeça" pelos seus cantores. Para mais informações a respeito do coco, ver: Carvalho (2005) e Marinho (2005).

na seguinte frase de Andrade: "Estou divinizado por uma das comoções mais formidáveis da minha vida" (ANDRADE, 1929 *apud* CAMPOS, 2014, p. 16).

A forma como Chico Antônio tira seus cocos é, de igual modo, observada e relatada por Andrade, que tem continuidade em crônica posterior a respeito dele (CAMPOS, 2014, p. 18). Nela afirma que o coqueiro não é só "voz maravilhosa e arte esplêndida de cantar", mas também um coqueiro bastante original, tanto na forma de gesticular, quanto no processo mesmo de tirar o coco. "Não canta nunca sentado e não gosta de cantar parado", e busca realmente ficar tonto, pois, quanto mais gira e mais tonto fica, "mais o verso da embolada fica sobrerrealista, um sonho luminoso de frases, de palavras soltas, em dicção magnífica" (ANDRADE, 1929 *apud* CAMPOS, 2014, p. 18).

Apesar do grande entusiasmo na vivência com Chico Antônio, Andrade observa e lamenta que terá de retornar a São Paulo com brevidade, sem que possa continuar sua audição dos cocos: "E terei de escutar as temporadas líricas e as chiques dissonâncias dos modernos... Também Chico Antônio já está se estragando... Meio curvo, com os seus vinte e sete anos esgotados na cachaça e noites inteiras a cantar (ANDRADE, 1929 *apud* CAMPOS, 2014, p. 17).

No dia derradeiro, quando Chico Antônio deixa o Engenho, Andrade narra que o coqueiro se despede dele e "do nosso trabalho" com seu Boi Tungão, tão comovido que chegou a sentir uma lágrima em seus olhos. "Adeus sala, adeus piano, Adeus tinta di screvê! Adeus papé de assentá! (assentar as músicas que ele cantava). De mim ele disse que quando eu chegasse na minha terra havia de não me esquecer nunca mais dele" (ANDRADE, 1976, p. 356 *apud* CAMPOS, 2014, p. 19).

Na descrição de Andrade, percebe-se um Chico Antônio que conseguimos alcançar por meio de sua escrita e pela clareza com que coloca suas impressões diante das situações vividas com ele. No que se refere ao registro, para fazer uma aproximação em relação ao que se observa em Rosa, temos explícita uma possibilidade de construí-lo e comunicá-lo a outrem.

Para além e mais relevante que o registro, o que temos é a explicitação de uma atitude etnográfica[33], que possibilita o encontro com o outro. Essa atitude que se identifica em Mário traz também um indício do processo formativo que a envolve. Ela era alguma coisa que ele vivia e, ao longo de

---

[33] Campos (2014), em determinado momento de seu trabalho, relaciona a atitude etnográfica de Mário de Andrade ao momento histórico dos anos de 1920, discutido no tópico anterior.

sua vida, foi sendo ampliada. Em carta endereçada a Alceu Amoroso Lima[34], revela-se como tal atitude passou a fazer parte de sua existência. Embora Andrade não utilize a expressão mencionada, o que se percebe mesmo é a sua presença:

> Mas você me diz estragado, ou coisa assim, pela "mania etnográfica". Aí tenho que defender a etnografia, que aliás não é mania em mim, mas é uma salvação (porque me impede ou me livra de tomar socialmente posição em assuntos a que sou naturalmente infenso, atitude política, atitude religiosa, social...), é também meu jeito de ser [...] é um dos meus muitos jeitos de procurar o Brasil (ANDRADE, 1968, p. 26 *apud* CAMPOS, 2014, p. 26).

A "mania etnográfica" de Mário de Andrade coaduna-se com o entendimento que vem sendo mostrado neste livro a respeito da atitude etnográfica. Além de ser uma disposição para encontrar o outro, ela tem como característica o fato de ir se construindo e constituindo-se no sujeito que a reconhece, provocando mudanças *em seu jeito de ser* e enxergar o mundo. Trata-se de um processo que age na formação do sujeito e vai se ampliando e aprofundando. Como bem registrou Silva (SOARES, 2015), ela nos modifica.

O processo (trans)formativo pelo qual passa quem opera em atitude etnográfica é também percebido em Pimentel (2014), que, além de considerá-la e evidenciá-la, o que nos permite ampliar suas impressões, a relaciona à educação, revelando sua contribuição aos processos e às práticas de ensino, bem como à produção de conhecimento.

A seguir, destaca-se o trabalho do autor, o qual possibilita sublinhar e, ao mesmo tempo, alargar os argumentos que ajudam a perceber e encarar a atitude etnográfica com os aspectos já assinalados, acrescido dos contornos que ganha quando pensada na área educacional. É justamente a relevante contribuição que pode trazer a esta área, à escola, com seus atores, seus outros de conhecimento e cultura, que possibilitam tomá-la, neste livro, simultaneamente, como princípio para o desenvolvimento do processo educativo e formativo e como possibilidade de anunciação dos conhecimentos gestados na educação.

---

[34] Campos (2014) ressalta que as cartas de Mário de Andrade são essenciais para compreensão não só de sua vida, mas também do desenvolvimento de sua obra.

## 2.4 A "mania etnográfica" em *nosotros*[35] e a educação

A atitude etnográfica, como o conceito aqui apresentado, parece não ter ainda uma abrangência na educação que permita encontrar trabalhos que a tomem com a perspectiva adotada neste capítulo. Como expressão, conforme se buscou mostrar anteriormente, ela tem sido utilizada com uma frequência maior, especialmente para referenciar algum momento de realização de pesquisa de campo de algum estudo que se entenda como etnográfico, ou que faça uso de alguns dos princípios ou pressupostos atribuídos à etnografia, mas que não são pensados necessariamente na área educacional.

Um ensaio escrito por Pimentel (2014), intitulado "A atitude etnográfica na sala de aula: descolonizando os processos de ensino", vai na contramão da situação relatada. Nele, o autor mostra exatamente a relação do conceito com a educação, o que, no contexto desta obra, serve para exemplificar sua fecundidade nas práticas e nos processos de ensino, bem como para expandir as possibilidades de pensar sobre a produção de conhecimento que se realiza na área. O autor aponta também para algumas características da atitude etnográfica que auxiliam na sua compreensão como conceito que vai se constituindo na vida de quem lê o mundo com uma postura que reconhece e busca o outro, tomado como sujeito de conhecimento e cultura.

Ao mesmo tempo que defende a atitude etnográfica, Pimentel (2014) expõe suas próprias experiências como professor da Faculdade de Educação na Universidade Federal de Alagoas (Ufal), no âmbito da qual "busca praticar o deslocamento e a congruência da atitude etnográfica" (PIMENTEL, 2014, p. 53). Isso implica, para ele, compreender que:

> As operações de congruência entre a atitude etnográfica e os processos de ensino exigem deslocamentos epistemológicos, ou seja, trata-se de pensar a atitude etnográfica fora dos domínios da pesquisa de campo da antropologia (ou em outras áreas de conhecimento) para inscrevê-la (ou mesmo reconhecê-la) nos limites de uma sala de aula, ou em todos os espaços nos quais as práticas de ensino coordenam as operações entre as pessoas (PIMENTEL, 2014, p. 51).

---

[35] *Nosotros* é utilizada no título deste tópico para enfatizar a relação entre nós, sejamos quem quer que sejamos, com os outros com os quais construímos sentidos. Ela é aqui tomada segundo acepção de Cortella (2003), para quem *nosotros* implica uma visão de alteridade, que exige que percebamos o outro como alguém que, embora outro, é parte comigo.

Já no resumo do trabalho, o autor indica "a inscrição da atitude etnográfica na composição de uma atitude educadora como perspectiva de transformação das condições de alteridade nas relações entre educadores e estudantes" (PIMENTEL, 2014, p. 49). Essa afirmativa é pensada em alinho com o restante de suas colocações, em que anuncia uma "abordagem pós-colonial de produção do conhecimento em sala de aula" (PIMENTEL, 2014, p. 49), partindo do questionamento das relações de saber-poder que constituem os modelos eurocêntricos de educação tomados como norma.

No corpo do texto, o ensaísta apresenta a etnografia como processo de produção de conhecimento pelo qual se exerce o intenso exercício da alteridade e, por isso mesmo, é capaz de oferecer alternativas importantes em relação às práticas de ensino naturalizadas no contexto da escola. Acredita que, por conta desta característica, ela pode auxiliar a "consolidar políticas de descolonização dos processos de ensino, na medida em que nos faz aprender outras formas de ensinar e conviver com as heterogeneidades sociais e culturais na sala de aula" (PIMENTEL, 2014, p. 50).

Para ele, em concordância com Pratt (1999), a sala de aula configura-se como uma zona de contato onde culturas díspares se encontram, chocam-se, entrelaçam-se umas às outras, em uma relação frequentemente assimétrica, de dominação e subordinação. Em vista disso, e como alternativa a tal situação, indica a atitude etnográfica, que consiste na assunção de novas posturas, as quais encaminhem à transformação das práticas entre educadores e educadoras, na medida em que buscam *colocar-se-com-os-outros* no interior dos processos de produção de conhecimento", gerando novas culturas[36] de convivência e incorporando "as situações de interculturalidades próprias das relações de proximidade" (PIMENTEL, 2014, p. 53, grifos do autor).

> Em linhas gerais o que proponho é que a atitude etnográfica seja compreendida como postura de ligação e abertura às transformações recíprocas que incidem na formação dos educadores e das educadoras e geram novas formas de ensinar-aprender no contexto das instituições, sobretudo no que diz respeito à sua participação nos conflitos socioculturais do mundo contemporâneo (PIMENTEL, 2014, p. 53).

Diante dessas observações, às quais acrescenta ainda mais uma, qual seja, a de que a atitude etnográfica não tem ligação exclusiva com uma

---

[36] No contexto descrito pelo autor, a cultura é compreendida, à luz de Bhabha (1998), como "processo de geração de diferentes narrativas sobre experiências de vida, narrativas estas marcadas pelas relações de saber e poder que extravasam nas práticas sociais de conversação" (PIMENTEL, 2014, p. 51).

formação específica em determinado campo de conhecimento, como o da antropologia, nem mesmo com o exercício exaustivo da observação participante, mas com a configuração de um feixe de distintos agenciamentos que, em dada medida, "compõem a complexidade do ato de nos colocarmos no mundo com os outros" (PIMENTEL, 2014, p. 54), o autor passa a discorrer sobre suas experiências em atitude etnográfica nas suas atividades como educador e assinala que esta também orienta seus trabalhos como pesquisador.

Segundo Pimentel (2014, p. 55), tanto quando entra em sala de aula no início do semestre letivo, como quando inicia um trabalho de pesquisa, a única certeza que tem é a de que precisa estabelecer conexões sensíveis com as pessoas e o lugar, para que possa construir possibilidades de "trânsito cultural na interação com os outros".

Além de se colocar em condição de estranhamento frente às situações e vivências que poderiam ser tomadas como óbvias, o professor e pesquisador afirma que procura identificar as pessoas com as quais seja possível ir, paulatinamente, conquistando espaço nas relações, levando em conta o contexto que as envolve, de maneira que consiga congregar as razões e os afetos para estar com os outros. Para auxiliá-lo nesse processo, procura realizar registros em seu diário:

> À medida que componho meus diários, ou mesmo minhas anotações dispersas sobre fatos que tomam parte dos meus cotidianos como educador, encontro uma fonte de recursos discursivos que orientam aquilo que faço quando dou aulas, seja no sentido mesmo da minha atuação como professor, seja no sentido da minha atuação como ator social que além de dar aulas precisa compreender as situações de conflito nas quais está envolvido quando está em aula (PIMENTEL, 2014, p. 59).

Esses registros deram origem a um relato que Pimentel (2014) apresenta no texto, sobre a experiência vivida na Ufal em seu primeiro dia na instituição, com base no qual sustenta algumas de suas proposições sobre a atitude etnográfica. Nesse relato, o autor descreve desde o momento de sua saída de casa a caminho da faculdade, destacando aspectos relativos a horários e à paisagem, até sua chegada ao local onde começaria o desenvolvimento de suas atividades docentes, ressaltando as primeiras interações que lá aconteceram. Acompanhemos sua exposição, apresentada com palavras minhas.

No dia 15 de abril de 2013, às 7:15, Pimentel (2014) afirma que pegou o ônibus Ponta Verde – Ufal, que deu uma grande volta pela cidade e lhe abriu uma perspectiva "assustadora" em relação à rotina que passaria a encarar a partir daquele momento. No espaço institucional em que exercera sua atividade docente antes de ir para Alagoas, a saber, a Faculdade de Educação da Universidade Federal da Bahia, a distância que percorria, a pé, de sua casa à Universidade, era de 10 minutos. Na atual circunstância, levaria uma hora e 15 minutos para chegar ao trabalho.

Apesar do percalço com o tempo, narra que, nesse primeiro dia, por não conhecer os bairros e os nomes das ruas, sua viagem se transformara em uma "longa contemplação das paisagens ignoradas no destino" (PIMENTEL, 2014, p. 55). Quando chegou ao *campus* da universidade, encaminhou-se ao prédio de salas anexo ao edifício central do Centro de Educação, também conhecido como CEDU, a fim de buscar informação, em algum mural próximo, sobre a sala onde aconteceriam suas aulas.

Assim que chegou, algumas pessoas já se encontravam no local, as quais presumiu serem estudantes. Observou que, tanto nos murais quanto nas pilastras e portas das salas, haviam sido colocadas sinalizações sobre as salas e as turmas, indicando o semestre letivo em que cada uma delas se encontrava. Por ser seu primeiro dia na instituição, não sabia qual era o semestre que correspondia à turma com a qual desenvolveria suas atividades e concluiu que estava perdido. Aproximando-se das/os estudantes, conversou com elas/es e informou sua condição de novo professor, bem como a disciplina que ministraria: Pesquisa e educação. Todavia, conforme expõe: "Para meu azar este grupo não fazia ideia de qual semestre ou turma teria aquelas aulas" (PIMENTEL, 2014, p. 55). Frente a situação, uma das estudantes orientou-o a procurar a sala no edifício central do CEDU, o que ele fez. Chegando lá, dirigiu-se ao guichê de informações da Coordenação do Curso de Pedagogia, onde foi informado que suas aulas aconteceriam no prédio onde estava anteriormente, então retornou. Antes mesmo de chegar ao prédio onde daria aulas, ouviu seu nome ser mencionado por um grupo, do qual se aproximou. Apresentou-se e indagou sobre o período da turma. As/os estudantes responderam que eram do quinto período e que suas aulas com ele aconteceriam na sala 9, para onde todos se encaminharam. Ao finalizar seu relato, Pimentel (2014) ressalta que notou e guardou, com clareza, cada passo dado até chegar à sala de aula:

> Observei silenciosamente ao redor (cheguei o mural, procurei mais informações além do semestre da turma, fui porta a porta, sala a sala, ver se havia o meu nome em alguma delas); perguntei ao primeiro grupo de estudantes que estava mais próximo, segui a orientação que elas me deram e fui até a coordenação do curso no prédio ao lado [...] voltei ao prédio e ao ouvir o meu nome, apresentei-me e, na companhia dos estudantes, cheguei até a sala (PIMENTEL, 2014, p. 55-56).

Ao fazer isso, considera que fluiu no que chama de "tramas invisíveis da experiência de sentir" e sentiu as pessoas e os lugares, de maneira a tornar possível prosseguir na "abertura de caminhos" que apontassem para o desenvolvimento de um trabalho coletivo. Ressalta, ainda, que sua atitude de contemplação frente ao que estava vivenciando é um exercício que desperta e situa seus próprios sentimentos e ideias na relação com o mundo no qual está envolvido.

Contemplar, para Pimentel (2014, p. 56), significa operar conexões entre o sentimento de mundo e a pertinência de significados que se atribui àquilo que se contempla; é "aquilo que me inscreve no lugar e, ao mesmo tempo, o que me autoriza a enunciar o lugar ao me posicionar no lugar". A partir dessa experiência, para ele, evocam-se atitudes discursivas para produzir cenas e alegorias, que podem conduzir outras pessoas para aquilo que contemplamos.

Uma vez que se passa a colocar ao alcance dos outros aquilo que se elabora enquanto se está em situação de trânsito cultural, permite-se que esses outros se coloquem nesta elaboração. Isso, no entanto, é mais que uma decisão, é parte de um processo formativo continuado, que toca aqueles/as que desenvolvem uma atitude etnográfica e que se torna parte de sua forma de se colocar no mundo como sujeito social, profissional, como pessoa humana.

Pimentel (2014, p. 57) afirma: "Há um momento em que os processos contemplativos deixam de servir aos discursos da vida privada, simplesmente, e tornam-se discursos da vida pública daqueles que praticam etnografia". Essa prática extrapola os limites de um campo de pesquisa e da própria observação participante. Ela é, antes, uma postura que enxerga o outro e reconhece sua participação no processo de criação de sentidos, portanto, de produção de conhecimento nos diferentes espaços onde se vive.

Quando ocorre a passagem de uma experiência pessoal para outras formas de experiência institucional, que indicam a inscrição da etnografia em outras esferas de inserção, começa a aparecer o desenvolvimento de um trabalho em que se torna visível a experiência de quem pratica etnografia, isto é, o desenvolvimento de sua prática em atitude etnográfica. A experiência deixa de ser exclusiva do praticante de etnografia e passa a ser alvo de leituras, comentários, audiências, até mesmo subversões oriundas de inscrições que os outros realizam naquilo que é dito, revelando a consciência desse praticante em relação a outras vozes que fazem parte da produção de conhecimento. Nessa situação, tal produção passa a ser considerada uma enunciação coletiva.

Diante disso, o autor salienta a relevância da construção do texto etnográfico, isto é, da descrição, porque esta permite dar visibilidade àquilo que se produz com base na atitude etnográfica. O texto etnográfico é, para Pimentel (2014, p. 60), um gênero discursivo em que se apresenta a alternância entre todos aqueles que "falam na escritura do texto", sem eliminar "a polifonia presente na produção de seus arranjos discursivos"; ele é "uma das dinâmicas de atuação intelectual que compõe a atitude etnográfica e que contribui para ampliação de nossas atitudes educadoras". Suas formas, variáveis e diversas, podem contemplar tanto a descrição realizada por meio de um trabalho de campo, quanto aquelas relacionadas aos processos de ensino e aprendizagem, por exemplo.

Assim como a atitude etnográfica não está sob os ditames da pesquisa antropológica, a prática descritiva também a ultrapassa. Desse modo, não é imperativo que se seja um/a antropólogo/a para realizá-la; os/as educadores/as podem também fazê-lo. Mas, em vez de buscarem, na descrição, matéria-prima para subsidiar o desenvolvimento teórico-metodológico de uma pesquisa, buscam nela a matéria-prima que possa levá-los/as à conquista de outras formas de ensinar e aprender: "É através do texto escrito e falado que a experiência pessoal do etnógrafo torna-se visível (audível) para outras pessoas" (PIMENTEL, 2014, p. 57).

Com este escopo, Pimentel (2014,) recomenda que seja feito o registro sistemático das experiências vividas em sala de aula. Ele pode auxiliar, em sua visão, a melhor compreensão das pessoas com as quais se convive e, para além disso, a criar novos modos de convivência institucional, para que as reciprocidades no aprender aconteçam. De acordo com sua própria vivência, sua "matéria-prima", isto é, as anotações que realiza, serve para a construção de roteiros de trabalho, em que a participação do outro extrapola "os limites da audiência obediente aos conteúdos trabalhados em sala de aula" (PIMENTEL, 2014, p. 59).

Observe-se que Pimentel (2014) explora o conceito de atitude etnográfica, levando em conta, sobretudo, a dinâmica e os arranjos discursivos que acontecem no desenvolvimento dos processos de ensino, aprendizagem e produção de conhecimento no âmbito universitário. Tal atitude em sala de aula, conforme salienta o autor, possibilita o encontro com o outro e a construção de um caminho, com ele, na busca por algo desconhecido, ou, dito de outro modo, na construção de conhecimento sobre determinado tema, em que ambos sejam tomados como instâncias ativas do processo. Uma das maneiras de favorecer esse encontro é lançando mão da descrição, que dê origem a um texto etnográfico capaz de revelar a si e aos outros as produções realizadas até aquele momento, atravessada pelas questões humanas e subjetivas que lhe são inerentes, as quais, sofrendo a interferência dos demais, produzirão outras formas de conhecer.

A atitude etnográfica, como bem sinalizou Pimentel (2014), opera no campo da subjetividade do sujeito, disparando um processo formativo que passa de uma contemplação realizada no mundo privado para se tornar expressão pública e institucional de quem a desenvolve. É justamente neste ponto, no momento mesmo em que a atitude etnográfica passa a se expressar na vida pública de quem a pratica, que se localiza sua maior contribuição ao âmbito educacional, particularmente às séries iniciais do ensino fundamental e para a própria pesquisa em educação.

A atitude etnográfica dirigida às séries iniciais do ensino fundamental possibilita encontrar os sujeitos que lá estão na produção de suas culturas e, portanto, de seus modos de existir e aprender, mas, principalmente, possibilita trabalhar com eles pressupondo um sistema de normalidade que pode até não ser conhecido, mas não é ignorado. No que se refere às práticas de ensino e aprendizagem, entre as quais se destacam aquelas que se dirigem à alfabetização, por exemplo, isso significa buscar com os/as alunos/as estratégias que possam levá-los/as à construção do entendimento e uso da língua escrita.

Assim como Pimentel (2014) exemplificou em seu artigo os modos como desenvolve seu trabalho, enfatizando o processo de ensino, em que se percebe também a dimensão de produção de conhecimento em atitude etnográfica, é possível lançar mão de outros exemplos para dizer como, mediante essa atitude, na disposição de reconhecer o outro como legítimo outro (MATURANA, 2002), pode se desenvolver e se desenvolve uma série de práticas semelhantes em educação[37].

---

[37] No tópico a seguir, mais um exemplo a esse respeito é apresentado.

Pelo fato de a atitude etnográfica estar implicada na vida, ou, como diria Mário de Andrade, no jeito de ser e se colocar no mundo, pode-se supor que aqueles/as que a desenvolvem encontram-se em um estado permanente de investigação[38]. Mais que isso, reconhecem a polifonia de vozes que se juntam no processo de produção de conhecimento a partir dos espaços e das vivências em que se encontram.

O que diferencia um/a pesquisador/a formal em atitude etnográfica das demais pessoas que podem viver com esta atitude é que ele/a apresenta à comunidade científica da qual faz parte as produções advindas da constituição conjunta de determinados conhecimentos do mundo, compreendido como um constante devir, porque urdido na produção intersubjetiva e intercultural das pessoas que nele se encontram. Conforme destaca Dauster (2015, p. 45): "O 'mundo' é o que pensamos dele *com* o outro e não *sobre* o outro, estudando com os 'outros' em intermináveis conversas".

Não estando determinada pela circunscrição em um campo de pesquisa classicamente definido, nem sequer em uma pesquisa clássica, com a qual, aliás, rompe[39], a atitude etnográfica se mostra como um caminho possível para anunciação da produção de conhecimento em educação.

## 2.5 Atitude etnográfica: uma forma de se colocar no mundo, em relação à anunciação do conhecimento e nos processos de ensino-aprendizagem

A atitude etnográfica, como se buscou apresentar neste capítulo, é um conceito que expressa uma forma de estar no mundo atrelado a um conjunto de características. A primeira delas é a disposição de encontrar o outro, reconhecendo-o, a priori, como sujeito de conhecimento, no âmbito de seu sistema de referência, e tomá-lo como alguém que constrói sentidos e significados culturais na situação em que nos encontramos (BOUMARD, 1999; CAMPOS, 2014).

---

[38] Peirano (2014, p. 379), no artigo "Etnografia não é método", apresenta uma situação que viveu em Brasília quando da necessidade de realizar seu recadastramento eleitoral biométrico, em 2013, em relação à qual faz alguns apontamentos a respeito da etnografia, o que ajuda a ilustrar a afirmativa. Diz a autora: "Desse episódio fica claro que a pesquisa de campo não tem momento certo para começar e acabar. Esses momentos são arbitrários por definição e dependem, hoje que abandonamos as grandes travessias para ilhas isoladas e exóticas, da potencialidade de estranhamento, do insólito da experiência, da necessidade de examinar porque alguns eventos, vividos ou observados, nos surpreendem. E é assim que nos tornamos agentes na etnografia, não apenas como investigadores, mas como nativos/etnógrafos".

[39] Sobre a própria etnografia como prática investigativa de um mundo em devir, Senna (2006, p. 171) ressalta que ela se institui "a partir da ruptura com a metodologia clássica dos estudos históricos [...] impondo-se como uma prática de olhar e interpretar as dinâmicas sociais e os fatores simbólicos que lhes determinam nas intenções interacionais".

A segunda característica que se pode atribuir à atitude etnográfica é o fato de ela ir se constituindo no campo da subjetividade do sujeito, por um feixe de arranjos distintos que, como salientou Pimentel (2014), estão relacionados à complexidade de estarmos no mundo com os outros. Os modos como ela vai se estabelecendo mereceriam uma discussão ampla, à parte dos apontamentos que foram feitos aqui, mas se pode, ao menos, sublinhar sua ligação à primeira característica destacada. É assim que nos deparamos com trabalhos desenvolvidos em diferentes áreas, imbuídos de tal atitude. Aqui, tomou-se como exemplo os que foram tecidos por Mário de Andrade, Guimarães Rosa e Álamo Pimentel (SENNA, 2006; CAMPOS, 2014; PIMENTEL, 2014) — este último, especificamente pensado no âmbito educacional.

A atitude etnográfica passa a fazer parte da vida de quem a desenvolve. Ela nos transforma (SOARES, 2015) e nos faz manter uma postura que vai ao encontro do outro. Ultrapassa os limites da contemplação individual e particular e torna-se parte da vida pública, dos processos institucionais e profissionais nos quais estamos envoltos/as (PIMENTEL, 2014). Apresenta um caráter transdisciplinar (CAIAFA, 2007), que extrapola sua circunscrição não só na disciplina antropológica (MORAES; OLIVA, 2013), como também na pesquisa acadêmica (CAMPOS, 2014; CLIFFORD, 2014). Não se trata de uma técnica de investigação empírica, mas de uma predisposição cultural, que toma o outro como alternativa humana séria (CLIFFORD, 2014; KLINGER, 2007). Manifesta-se nas artes, nas escritas, nas literaturas, nas práticas e nos processos de pesquisa, bem como nas práticas e nos processos de ensino e aprendizagem. Manifesta-se na produção de conhecimento, compreendida como anunciação de uma produção que se sabe conjunta, urdida nos espaços nos quais se está inserido (BOUMARD, 1999; LISBOA, 2013). Ela é uma forma de se colocar no mundo, com o mundo e com os outros.

Em educação, a manifestação da atitude etnográfica apresenta uma dupla implicação e aponta para a possibilidade de muitos desdobramentos no âmbito da escola e das pesquisas na área. A partir dela, no contexto da escola, passa-se a encarar os/as alunos/as e os pares profissionais como legítimos outros, porque, no processo continuado de formação de si, na cultura e nas relações, inaugura um ser com um tanto de ineditismo (SENNA, 2007), carregado, portanto, de particularidades, que lhe dizem respeito exclusivamente e que o tornam um sujeito de conhecimento singular.

Ao tomar os/as alunos/as nessa acepção na educação básica, pressupõe-se a necessidade de construir com eles/as práticas de ensino que lhes alcancem em seu processo de aprendizagem, o que demanda um processo investigativo que pode vir a ser comunicado a outrem ou não, para que essa aprendizagem se efetive.

Para além das possibilidades descritas, porque configura uma forma de estar no mundo, a atitude etnográfica incide sobre a produção de conhecimento realizada por aqueles/as que se forjam nela. Isso significa considerar que o reconhecimento de que se produz conhecimento com o outro, ainda que ele não esteja formalmente descrito no trabalho, atravessa os diferentes projetos e pesquisas nos quais subjaz a atitude etnográfica.

Como exemplo de que a atitude etnográfica se encontra subjacente ao processo de produção de conhecimento de quem opera com ela, além do texto de Pimentel (2014), anteriormente mencionado, cito um trabalho no qual desenvolvi uma discussão a respeito da inclusão/exclusão escolar. Nele se encontra o relato do desenvolvimento de uma prática peculiar de alfabetização com um meu aluno, em uma escola da rede pública municipal do Rio de Janeiro[40] (FAGUNDES, 2011).

Nesse trabalho desenvolvo a ideia de exclusão e inclusão escolar por meio da discussão promovida com diferentes autores/as, sobretudo do campo da sociologia, da psicologia social e da educação[41]. Como pano de fundo, uma permanente discussão com professores/as, com os membros do Grupo de Pesquisa e da Linha à qual estava vinculada à época da escrita do artigo[42] e a vivência, como professora, em uma escola situada na Zona Norte do Rio de Janeiro, em uma região que apresentava o Índice de Desenvolvimento Humano mais baixo da cidade, onde, facilmente, se deparava com situações de violência e pobreza acentuadas e que, por isso mesmo, acabavam por ser utilizadas como parâmetro imediato para se aferir à aprendizagem, ou à falta dela, em relação aos componentes curriculares trabalhados na escola.

Apesar desse quadro geral, os/as professores/as que se encontravam naquele ambiente escolar, meus pares, insistiam, como eu, nos processos

---

[40] Trabalho este que hoje identifico como fruto de uma atitude etnográfica, embora não falasse ainda sobre isso naquele momento.

[41] Entre os/as autores/as com os quais dialogo, destaco Martins (1997), no âmbito da sociologia, Jodelet (2008) e Wanderley (2008), no campo da psicologia social, e Dubet (2003), Bourdieu e Champagne (2001) e Bueno (2005), no contexto da educação.

[42] Trata-se do Grupo Linguagem, Cognição Humana e Processos Educacionais e da Linha de Pesquisa Educação Inclusiva e Processos Educacionais.

de aprendizagem dos/as alunos/as, indo e voltando, muitas vezes, até que um caminho fosse construído com eles/as para alcançá-los/as.

Nem as discussões no Grupo nem as vivências com os/as colegas professores/as passaram ao largo da construção teórico-conceitual, da anunciação do conhecimento que desenvolvi e apresentei no artigo. Uma citação do trabalho sintetiza essa dimensão:

> Buscou-se tornar evidente que a natureza dessa inclusão marginal parte dos pressupostos da ciência moderna com a instauração de um modelo único e ideal de sujeito cognoscente. Esse sujeito é procurado em nossos alunos, que, por sua vez, e cada vez mais, afastam-se daquele perfil. No entanto, a despeito disso, tem sido possível observar o esforço profissional e pessoal dos professores em tentar estabelecer uma relação mais próxima com seus alunos, sobretudo os que são objeto da exclusão escolar, no intuito de compreendê-los, enxergando neles sujeitos capazes de aprendizagem escolar. Pela adoção dessa perspectiva, teorias e práticas outras têm sido buscadas para garantir a esse aluno o direito à educação (FAGUNDES, 2011, p. 198).

Em relação à aprendizagem do aluno que motivou a escrita do artigo, o qual nomeei de modo fictício como Daniel, apresento no documento o relato de como, mediante um filme cujo personagem principal era um rato, se iniciou a construção de um percurso que nos levou a avançar em seu processo de alfabetização. Daniel, aluno que se enquadrava na categoria "incapaz de aprendizagem", justamente porque suas posturas e construções passavam longe da idealização do que seria um sujeito de conhecimento, demandou a instauração de uma rota diferente para que sua alfabetização fosse vislumbrada como algo possível.

No artigo, salientei a situação com Daniel com as seguintes palavras:

> Reconhecer o aluno como um sujeito capaz de aprendizagem escolar implica a assunção de uma postura que muda não só o nosso olhar em relação a ele, mas a forma como desenvolvemos nossa prática pedagógica [...] (FAGUNDES, 2011, p. 194).

Se esse relato fosse feito na atualidade, talvez enfatizasse o fato de que o reconheço como sujeito que produz conhecimento e que, comigo, naquela situação, constituiu os sentidos que permitiram avançar em seu processo de alfabetização. De todo modo, aparece aí a atitude etnográfica, caracterizada na postura que mudou meu olhar, que o reconheceu como sujeito de conhecimento e parte fundamental na construção dos princípios e processos que conduziu a sua compreensão do sistema de representação da escrita.

Diante das colocações feitas, resta afirmar que o desenvolvimento desta obra assenta-se em uma atitude etnográfica (que faz parte da minha vida e atravessa a minha profissão como professora-pedagoga-pesquisadora). Assenta-se em uma forma de estar no mundo, portanto, que se reconhece no mundo, com o mundo e com os outros, atenta aos sentidos que vão sendo produzidos na complexidade das relações nas quais estamos envolvidos. No caso particular deste trabalho, trata-se da educação, especificamente nas séries iniciais do ensino fundamental, por meio da qual busca comunicar e nomear aquilo que tem sido tratado aqui como possibilidade de anunciação de uma epistemologia da educação escolar, alvo das discussões do próximo capítulo.

# CAMINHOS PARA ANUNCIAÇÃO DE UMA EPISTEMOLOGIA DA EDUCAÇÃO ESCOLAR

Os saberes docentes, como conceito que compreende que existe um tipo de conhecimento que se produz na prática das/os professoras/es, são fruto de uma discussão ampla. Pode-se marcar, a título de ilustração, dois vieses a esse respeito; e, em seus âmbitos, aproximações e afastamentos em função do raciocínio que desenvolvem sobre esses saberes.

De um lado, estão aqueles/as que advogam em favor dos saberes docentes e vêm, de diferentes modos, buscando garantir-lhes legitimidade como um conhecimento válido e relevante à educação (BORGES, 2001; CARVALHO; THERRIEN, 2009; PIMENTA, 2014; TARDIF, 2000); de outro, os que problematizam a possibilidade de existência de um saber docente, passível de compreensão, por exemplo, por um campo epistemológico da prática (MONTEIRO, 2010; NETO, 2012).

No ínterim desse debate, as/os professoras/es que estão há algum tempo no exercício do magistério parecem não demonstrar grandes dúvidas quanto ao fato de que contam com conhecimentos que vão se constituindo no desenvolvimento mesmo de sua profissão. Ao se buscar um diálogo com elas/es, a respeito da aprendizagem das/os alunas/os, dos modos de lhes ensinar e em relação à prática pedagógica, essa percepção vai se tornando cada vez mais evidente (ALMEIDA; CRUZ, 2020).

Se apresentam-se às/aos professoras/es concepções de aprendizagem de acordo com determinado entendimento, elas/es sinalizam que pode ser que algumas crianças aprendam do modo como tal entendimento busca explicar, mas *Manuela*, *Juliana*, *Kauã* e *Vinícius* não; porque elas/es aprendem de outro jeito. Se, ainda, dizem-lhes que a melhor maneira de alfabetizar é a maneira $X$, elas/es podem até concordar com alguns aspectos relativos a $X$, mas, geralmente, o reformulam, posto que seu alcance talvez esteja circunscrito a algumas questões que se relacionam ao ensino da língua escrita e nem sempre contempla o sujeito que está se apropriando dela.

Essa situação, no entanto, não é somente parte do momento atual. Ao se olhar para a escola, percebe-se que as/os professoras/es têm produzido conhecimentos desde longa data, pois a docência exige que essa produção aconteça, e ela não diz respeito, apenas, à gestão da classe, à organização do tempo de ensino-aprendizagem, ao domínio da matéria e ao modo de ensiná-la, aos temas diversos que vão se tornando de interesse investigativo às/aos docentes, mas, principalmente, aos alunos e às alunas, para que seja possível alcançá-los/as em suas singularidades no tocante à aprendizagem e à formação humana.

Sobre a produção de conhecimento que se tem realizado entre professoras/es, visando à aprendizagem e à formação das/os estudantes, trata este capítulo que, em seu processo de elaboração, se depara com o conceito de saberes docentes e com o campo de estudos denominado "epistemologia da prática docente", os quais dão visibilidade, no âmbito acadêmico da educação, à ideia de que docentes na educação básica constroem saberes. Ambos, o conceito e o campo, são aqui problematizados, de modo a alargar a compreensão sobre suas naturezas e seu escopo, ressaltando em que medida eles contribuem para a anunciação de uma epistemologia da educação escolar.

Iniciando o tratamento proposto pelo conceito de saberes docentes, busca-se apresentar uma compreensão a respeito de sua constituição, levando-se em conta as circunstâncias que o fizeram emergencial. Tal emergência se encontra na sociedade estadunidense dos anos de 1980 e se estende, a partir dela, para outros países, entre os quais o Brasil, que o toma em seu debate sobre a educação e passa também a considerá-lo, problematizá-lo e pensá-lo no âmbito da pesquisa na área educacional.

No tópico "As pesquisas educacionais (no Brasil) e os saberes docentes", apresenta-se o cenário no qual ganhou sentido no país a noção de saberes docentes. Na tentativa de realizar um aprofundamento desta apresentação, esse tópico se desdobra em outro – "Conhecimento de base e saberes docentes: o marco do projeto de profissionalização do ensino" –, em que se inserem elementos que permitem perceber a conjuntura na qual foi tecendo-se e ampliando-se as discussões sobre os conhecimentos necessários para o ensino. Esses desembocam em um volume expressivo de pesquisas que giram, então, em torno dos saberes docentes. O resumo dessas pesquisas, os pressupostos, os modos como foram realizadas e sua contribuição ao entendimento do conceito têm lugar no subtópico "Estudos-síntese, conhecimento de base e, finalmente, saberes docentes".

No tópico "O saber sobre os saberes docentes: uma leitura e um apontamento possível", encaminham-se algumas considerações a respeito desses saberes, destacando-se duas questões. A primeira se refere à formulação dos saberes docentes como conceito fundamentado em pesquisas que, na tentativa de construir o conhecimento de base para o ensino, passam a ter a escola como lócus de observação e análise. A segunda é que, contrariamente ao que se buscava promover com estas pesquisas — o afastamento da experiência como norteadora da prática docente —, o que se viu foi o retorno e a consideração da experiência na constituição do saber docente e na prática profissional, salientando seu papel fundamental para ambos.

Ao encontro dos saberes docentes com essa configuração vem a epistemologia da prática. Encaminhada por outro ponto de partida, isto é, aquele que leva em conta o esfacelamento do campo tradicional da epistemologia, quando diferentes estudos buscam apontar que a produção de conhecimento não estava se dando da maneira como vinha sendo descrita, a possibilidade de outras *epistemes* surge, entre as quais aquela que considera a prática profissional como lugar desta produção (TARDIF, 2000).

O campo da epistemologia da prática, ao congregar os saberes docentes em seus estudos, ajuda a difundir a ideia de que as/os professoras/es produzem saberes com base em sua prática profissional, e esses devem ser incorporados às teorias que se produzem sobre tal prática (TARDIF, 2000; PIMENTA, 2014). Voltado ao interesse de compreensão de como os saberes docentes se forjam, tal campo se dedica a explicá-lo, de maneira que, com ele, se amplia o reconhecimento sobre uma produção de conhecimento que ultrapassa o limite acadêmico-científico.

A discussão a respeito do campo da epistemologia da prática é feita no tópico "A epistemologia da prática docente: avanços em relação ao reconhecimento da produção de conhecimento para além do espaço acadêmico-científico". Nele, além do aspecto destacado anteriormente, salienta-se que, embora exista uma grande contribuição desse campo ao reconhecimento do saber do/a professor/a, anterior a ele, começou a ser tecida o que se entende neste livro como uma epistemologia da educação escolar, a qual continua se fazendo presente no contexto educacional.

Outro aspecto destacado no tópico é que não só o conhecimento docente é um conhecimento da prática, mas o processo mesmo de conhecer está imbuído nela. Assim, a epistemologia da prática relaciona-se à experiência, à vivência, nas mais diversas áreas do saber e do desenvolvimento profissional humano. Dentro desse espectro, como já bem sustentado por Maturana (2001), ao se falar em epistemologia, está-se nela incluindo a prática.

A epistemologia da educação escolar emerge por uma exigência da profissão vinculada a uma postura ética que, ao buscar trabalhar no sentido da formação humana, e da garantia de aprendizagem da pluralidade de sujeitos que se encontram na escola, precisa produzir conhecimentos que possam assegurar que essa aprendizagem e formação aconteçam. Os registros encontrados nos trabalhos de Senna (2003), Hernández e Ventura (2009) e Elliott (1993, 1998), a respeito das demandas de professoras/es no Brasil, na Espanha e na Inglaterra, permitem compreender com isso vem acontecendo.

No tópico "Por onde andou a epistemologia da educação escolar?", busca-se mostrar como essa epistemologia vem se engendrando, a partir de dois entendimentos já trabalhados nos capítulos anteriores deste livro. O primeiro é que a produção de conhecimento não passa pela adoção do dogma científico e o segundo é que a epistemologia, defende-se aqui, é a anunciação de uma produção de conhecimento que acontece na trama que vai se estabelecendo entre os sujeitos e os contextos, buscando explicá-la e dar-lhe sentido de verdade, com consistência e coerência.

No último tópico deste capítulo, "Para uma epistemologia da educação escolar, para a escola, suas/seus professoras/es e alunas/os", de modo conclusivo, define-se essa epistemologia e seus desdobramentos ao cenário educacional.

## 3.1 As pesquisas educacionais (no Brasil) e os saberes docentes

Os saberes docentes se colocam como problema para a academia no Brasil a partir de alguns estudos que se dedicam à formação de professoras/es (FIORENTINI; SOUZA JR.; MELO, 1998; NUNES, 2001). Quando tais estudos passam a operar com esse conceito e outros afins, oriundos, inicialmente, de um intenso trabalho de formulação nos Estados Unidos, começa-se a assistir à ampliação do debate a seu respeito, cuja influência se faz sentir em diferentes disciplinas no âmbito da educação (NUNES, 2001, p. 39).

Fiorentini, Souza Jr. e Melo (1998) destacam que, durante muito tempo, tanto as pesquisas quanto o processo de formação de professoras/es propriamente dito deixaram à margem as questões relativas à prática

PARA UMA EPISTEMOLOGIA DA EDUCAÇÃO ESCOLAR: CAMINHOS DE UMA ATITUDE ETNOGRÁFICA

docente, bem como aquelas de ordem pedagógica, situação que viria a se alterar substancialmente nos anos de 1990, momento em que se passou a considerar certa ideia de saberes docentes.

De acordo com os autores, na década de 1970, no Brasil, os programas de formação/seleção de professoras/es e as pesquisas valorizavam aspectos didáticos-metodológicos, com ênfase nas técnicas de ensino, planejamento, organização e controle/avaliação do processo de ensino-aprendizagem. Nos anos de 1980, o discurso pedagógico passou a ser dominado por uma dimensão sociopolítica, no âmbito da qual as pesquisas sobre a formação de professoras/es e sobre o ensino enfatizavam temas político-pedagógicos. Apesar de nesse período alguns trabalhos com a temática dos saberes docentes terem começado a aparecer, as perspectivas que apresentavam não eram de valorização desses saberes, mas, ao contrário, de apresentação de suas carências frente a determinado modelo teórico idealizado, bem como das práticas pedagógicas que as/os professoras/es desenvolviam (FIORENTINI; SOUZA JR.; MELO, 1998, p. 314).

Foi somente a partir dos anos de 1990 que surgiram, timidamente, pesquisas sobre os saberes escolares e os saberes docentes com outro viés. Fiorentini, Souza Jr. e Melo (1998) registram que, nesses anos, embora raros, começavam a despontar estudos cujo enfoque se voltava à compreensão e exploração do conhecimento ou saber do/a professor/a. Apesar disso, registram também que:

> Embora no início da década de 90 tenhamos passado a reconhecer a complexidade da prática pedagógica e, desde então, venham-se buscando novos enfoques e paradigmas para compreender a prática docente e os saberes pedagógicos e epistemológicos relativos ao conteúdo escolar a ser ensinado/aprendido, estes parecem continuar sendo, ao menos no Brasil, pouco valorizados pelas investigações e pelos programas de formação de professores (FIORENTINI; SOUZA JR.; MELO, 1998, p. 314).

A maioria das pesquisas educacionais que se debruçavam sobre a prática escolar ainda focava em dois tipos de interesse: o técnico-instrumental, que adotava formas de explicações "científicas objetivas" sobre o mundo e buscava construir instrumentos racionais para intervenção nele; e o "prático", pelo qual, mediante o uso de procedimentos interpretativos hermenêuticos ou antropológicos, tinha como escopo identificar/interpretar "os significados produzidos pelos praticantes no mundo-vida com o intuito de informar e subsidiar o juízo prático" (FIORENTINI; SOUZA JR.; MELO, 1998, p. 315). Para Fiorentini, Souza Jr. e Melo (1998), ambas as abordagens não englobavam uma visão que levasse em conta a autonomia racional dos sujeitos e tampouco demonstravam interesse emancipatório, que:

> [...] ultrapassem quaisquer interpretações estreitas e acríticas para com os significados subjetivos a fim de alcançar um conhecimento emancipador que permite avaliar as condições/determinações sociais, culturais e políticas em que se produzem a comunicação e a ação social (FIORENTINI; SOUZA JR.; MELO, 1998, p. 315).

Esse panorama, no entanto, parece ter começado a mudar em pouco tempo. Embora não se possa afirmar que as pesquisas tenham adotado a dimensão emancipatória considerada por Fiorentini, Souza Jr. e Melo (1998), pode-se observar que elas passaram a se debruçar sobre o conhecimento do/a professor/a ou produzido pelo/a professor/a de uma maneira que ainda não tinha sido feita.

Pimenta (2014), ao realizar um levantamento das publicações do Grupo de Trabalho de Didática na Associação de Pós-Graduação e Pesquisa em Educação (Anped), no período entre 1996 e 2000, constata o aparecimento de duas novas vertentes de investigação. A primeira delas dedica-se à compreensão do pensamento das/os professoras/es sobre o ensino mediante estudo das representações; a segunda tem seu interesse voltado à prática de ensinar.

Na primeira vertente de investigação, Pimenta (2014) enquadra as pesquisas sobre a história de vida das/os professoras/es, a profissão e a constituição da profissionalidade docente, destacando que as abordagens utilizadas em suas construções partem, predominantemente, de trabalhos etnográficos e teóricos da área da psicologia e das representações sociais, colocando em evidência o/a professor/a como sujeito.

Na segunda vertente, a autora situa os estudos que tratam da sala de aula, os quais demonstram como preocupação central a necessidade de se conhecer e explicar o processo de ensino e aprendizagem em situações escolares, e os estudos acerca da prática docente nos contextos educativos, por meio dos quais se intenta desenvolver teorias a respeito dos conhecimentos e dos saberes dos docentes, bem como sobre a produção de conhecimento dos/as professores/as e da escola, reconhecendo a prática como lugar de produção desses conhecimentos.

Nunes (2001), colaborando com essa discussão, afirma que, a partir da década de 1990, se dá início ao desenvolvimento de pesquisas que buscam resgatar o papel do/a professor/a, levando-se em conta que a prática pedagógica e os saberes docentes são muito mais complexos do que vinham sendo considerados. A autora ressalta que, no início dos anos 2000, tais pesquisas se ampliaram substancialmente, tomando parte nas mais variadas disciplinas da educação. Além de continuarem crescendo em volume entre os trabalhos dedicados à formação de professoras/es, elas passaram a ser observadas na área da Didática — como Pimenta (2014) também salienta — e do currículo[43]. Nunes (2001) afirma, ainda, a respeito dos saberes docentes, que, embora se deva reconhecer que estes, de certa forma, viessem sendo estudados no bojo de temas como a prática docente, o processo de ensino-aprendizagem e a relação teoria/prática no âmbito escolar, ganham outra configuração nos anos de 1990, em razão da influência da literatura internacional e de pesquisas nacionais que passaram a considerar o/a professor/a como um/a profissional que adquire e desenvolve conhecimentos a partir de sua prática (NUNES, 2001, p. 32).

Apesar de a autora ressaltar as pesquisas nacionais nessa influência, parece que o peso maior nesse sentido é oriundo dos estudos internacionais[44]. A própria Nunes (2001), que em seu artigo objetiva analisar quando e como os saberes docentes aparecem nas pesquisas sobre a formação de professoras/es na literatura educacional brasileira, salienta a importância de destacar "os estudos estrangeiros que têm servido de referência para as pesquisas brasileiras" (NUNES, 2001, p. 32) e aponta que procederá à análise dos trabalhos desenvolvidos pelos/as pesquisadores/as do *Centre de Recherche Interuniversitaire sur la Formacion et la Profession Enseignante* (CRIFPE), situado no Canadá[45], justamente por sustentarem a discussão dos estudos nacionais.

Borges (2001, p. 59-61), corroborando a perspectiva anterior e ressaltando mais um ponto, registra que estudos sobre os docentes e seus

---

[43] Nunes (2001), assim como Pimenta (2014), se baseia nos trabalhos publicados na Anped para chegar a essa conclusão.

[44] Ao se observar os textos das/os autoras/es que Nunes (2001) cita para destacar a influência nacional nos estudos sobre os saberes docentes, a saber, Fiorentini, Souza e Melo (1998), Penin (1995), Pimenta (1999), Silva (1997) e Therrien (1995), percebe-se que também eles estão ancorados em uma discussão internacional a esse respeito, embora possam fazer uso de autoras/es diferentes. O trabalho que parece não partir diretamente de uma discussão internacional, o de Penin (1995) objetiva estudar a construção do conhecimento da professora sobre o ensino, confrontando o que considera "conhecimentos sistematizados" e "saberes cotidianos", o que parece não trazer, ainda, a ideia de um saber ou conhecimento docente que se constrói, efetivamente, no exercício do magistério.

[45] Entre esses/as pesquisadores/as, encontra-se Maurice Tardif, um dos mais influentes disseminadores da ideia de saberes docentes como saberes que se constroem na prática profissional das/os professoras/es.

saberes, bem como acerca do ensino, vêm sendo produzidos nos últimos 20 anos na América do Norte, em países da Europa e outros de cultura anglo-saxônica, e um grande volume de pesquisas a esse respeito foi e continua sendo produzido nos Estados Unidos, influenciando diversos países, entre os quais o Brasil.

Ao se ter em conta os trabalhos sobre a temática, ao menos aqueles tomados para diálogo nesta obra (BORGES, 2001; CARVALHO; THERRIEN, 2009; FERNANDEZ, 2015; NUNES, 2001; PIMENTA, 2014), percebe-se a forte presença dos estudos internacionais no pensamento brasileiro, o que não é novidade entre nós. Em Patto (1999, p. 78-84) fica evidente, por exemplo, que as ideias que estavam sendo gestadas no contexto internacional, as quais foram chegando por aqui nos anos de 1920, sobretudo relacionadas à Escola Nova, tiveram repercussão não só no pensamento educacional brasileiro, como também na proposição de reformas ao sistema de ensino e "para os destinos da educação escolar nas décadas subsequentes" (PATTO, 1999, p. 84). A autora afirma que não se pode negar que a importação das discussões da vanguarda intelectual de outros países teve um papel positivo naqueles anos. Tomando como referência Bosi (1970) e Cunha (1981), defende que os setores mais inquietos de São Paulo e do Rio de Janeiro, ao manterem contato com a Europa, enriqueceram, matizaram e dinamizaram as posições sobre os assuntos relativos à política e à educação.

A positividade presente nos estudos externos, no entanto, não é garantia de atendimento às demandas que o país apresenta. Nesse sentido, Patto (1999, p. 83) põe em relevo, com Cunha (1981, p. 51), que os intelectuais que recebiam e divulgavam o pensamento vindo d'além-mar procediam à sua defesa sem submetê-las a um processo crítico e, em um clima como o dos anos 20 do século passado, isto é, de "ansiedade e exaltações incongruentes", muito haveria de retórico, especialmente no caso do discurso educacional.

Na mesma direção das colocações de Patto (1999) e atendo-se especificamente aos saberes docentes, Borges (2001) destaca que a repercussão de pesquisas de um lugar a outro não é, em si, fato negativo, mesmo porque lhe parece, de igual modo a este trabalho, algo que se relaciona ao próprio acontecimento do conhecimento. Problemática é a importação de dificuldades, questões e metodologias que, às vezes, pouco têm a ver com os dilemas que se enfrentam em dada sociedade, particularmente relacionados à educação.

A transferência de uma discussão que goza de pleno sentido no seu contexto de origem pode perder sua razão de ser se houver uma tentativa de transplantação direta para outras situações, e isso, em alguma medida, pode ter ocorrido tanto em relação ao movimento da Escola Nova, quanto em relação à discussão sobre os saberes docentes. Todavia, não se pode deixar de enfatizar a contribuição de diferentes conhecimentos para o desenvolvimento de estudos cujo direcionamento esteja voltado à constituição de saberes à educação, que seja cônscio do compromisso ético-político com os sujeitos que fazem parte dela.

Na tentativa de encontrar o lugar dos saberes docentes no debate educacional dentro e fora do Brasil e sua medida de contribuição para o reconhecimento de uma epistemologia da educação escolar, desenvolve-se este tópico, já que esses estudos, em quantidade significativa, argumentam sistematicamente em favor do/a professor/a como produtor/a de conhecimento, de maneira que se configurasse um campo de estudos próprios para ele, denominado "epistemologia da prática docente".

Tomando como ponto de partida, portanto, a consideração de que os estudos internacionais são uma parte importante do entendimento dos saberes docentes como saberes da prática também aqui no Brasil; e levando em conta, ainda, como tem sido defendido neste livro, que os conceitos apresentam motivações, contextos e sujeitos em sua elaboração, faz-se um exercício de compreensão a respeito dos saberes docentes que ressalte o caminho trilhado para sua construção.

Assim, neste tópico, em um primeiro momento, busca-se apresentar o contexto em que se configurou o conceito de saberes docentes como saberes que se produzem na prática profissional das/os professoras/es e, adentrando um pouco nesta apresentação, intenta-se apontar como os estudos sobre o tema foram surgindo, adensando-se, o que foi sendo dito neles e o que talvez ainda não tenha sido dito, ou notado, para se chegar, efetivamente, ao conceito de saberes docentes.

### 3.1.1 Conhecimento de base: o marco do projeto de profissionalização do ensino

Nos idos de 1980, nos Estados Unidos da América, autoridades políticas e educacionais viram-se diante da necessidade de repensar o sistema educacional de seu país. Motivados pela divulgação dos maus resultados obtidos nas primeiras pesquisas comparativas em âmbito internacional, em um momento em que o sistema educativo apresentava falhas flagrantes na promoção do sucesso acadêmico da maioria das/os alunas/os após a universalização do acesso à escola, apresentaram relatórios e lançaram um projeto buscando soluções para dirimir a situação.

Dois famigerados documentos foram os principais representantes na indicação e veiculação de tais falhas (BORGES, 2001; CARMO, 2013; TARDIF, 2000, 2013). Trata-se do *Tomorrow's Teachers*, de 1986, apresentado pelo *Holmes Group*, formado por representantes de colégios e faculdades pertencentes às universidades e instituições de pesquisa; e *A Nation Prepared: Teachers for 21st Century,* do mesmo ano, apresentado pelo grupo da *Carnegie Task Force on Teaching as Profession*, formado por representantes do sindicalismo docente, de diferentes setores da educação, do mundo dos negócios e por altas autoridades do funcionalismo público (BORGES, 2001, p. 75). Um terceiro documento, anterior a esses dois, é lembrado por Tardif (2013): *A Nation at Risk: The Imperative for Educational Reform* (1983), da *National Commission for Excellence in Teacher Education.*

Esses relatórios, além de destacarem a má qualidade da educação estadunidense, manifestaram seu descontentamento perante o que consideraram uma má formação das/os futuras/os professoras/es promovida pelas faculdades de educação. Diante disso, direcionaram um forte apelo aos/às pesquisadores/as universitários/as da área educacional, para que envidassem esforços na tentativa de constituir um conjunto de conhecimentos que pudessem ser utilizados em situações práticas de ensino (TARDIF, 2000) e lançaram um projeto por meio do qual o ensino deveria ser profissionalizado, de modo que a melhoria na qualidade da educação fosse alcançada (TARDIF, 2013, p. 562). Esse projeto, conhecido como "movimento de profissionalização do ensino", era orientado pelos seguintes objetivos: aperfeiçoar o sistema educativo, fazer a docência passar do ofício à profissão, e construir uma base de conhecimento científico (*knowledge base*) para o ensino (TARDIF, 2013, p. 559-561).

O aperfeiçoamento do sistema educativo ficaria a cargo de uma proposta de descentralização em relação às escolas, a fim de garantir um processo democrático direto e assegurar sua eficácia. Isso significava fomentar uma redução de custos e do peso da burocracia, transferindo parte das responsabilidades e dos recursos para os estabelecimentos de ensino, onde, principalmente, seus funcionários, teriam mais autonomia para deliberar acerca das necessidades que estavam colocadas à comunidade escolar.

Passar do ofício à profissão demandaria o atendimento a alguns critérios, entre os quais a formulação de uma base de conhecimentos científicos (*knowledge base*) que pudesse sustentá-la.

Segundo Tardif (2013, p. 558-559), nos Estados Unidos, a noção de profissão, oficialmente referendada pelas autoridades estatais, deve apresentar algumas características sem as quais não se reconhece um fazer como tal. Assim, os critérios de julgamento da profissão, comuns às áreas de medicina e engenharia, começaram a ser cogitados para que pudessem ser utilizados na docência.

Em princípio, como já dito, é imperativo que haja uma base de conhecimentos científicos que legitimem e sustentem os atos profissionais. Essa base deve ser adquirida pela formação universitária, a qual demanda alto nível de formulação intelectual e precisa ser atualizada constantemente por resultados de pesquisas que lhe informem sobre importantes processos que podem/devem ser incorporados à profissão.

O segundo aspecto que valida uma profissão é a existência de uma corporação profissional, formada por membros qualificados e socializados, reconhecida pelo Estado. Ela é composta exclusivamente pelos/as profissionais de dada categoria e exerce uma atividade disciplinar, baseada em uma avaliação por pares. Por exemplo, um médico é avaliado por outro médico. Tal corporação não se confunde com um sindicato. Seu objetivo é a defesa do direito do público, e não de seus componentes.

Há que se considerar também, para o reconhecimento de uma profissão, a existência da ética, da autonomia e da responsabilidade profissionais. A ética profissional é orientada pelo respeito aos clientes. Não se trata, nesse caso, da defesa de grandes valores humanistas, mas da concentração de atos profissionais específicos que devem ser seguidos por um código. A autonomia profissional, por sua vez, se caracteriza pelo reconhecimento social e jurídico de que o/a profissional é o/a mais indicado/a para decidir como deve proceder em sua ação. A responsabilidade profissional, finalmente, sustenta que o/a profissional é o/a responsável por suas ações e deve responder a elas, podendo, inclusive, ser acusado de "erro profissional".

O movimento de profissionalização do ensino buscava, a partir do atendimento aos critérios profissionais, fazer com que tanto as/os professoras/es como a própria ação de ensinar adquirissem uma concepção inovadora da pedagogia, abandonando a ideia de que ela era uma prática rotineira; buscava, ainda, fazer com que as/os docentes desenvolvessem uma ética profissional em favor das/os alunas/os e de sua aprendizagem, em detrimento das rotinas escolares e do respeito cego a regras estabelecidas; e, por último, procurava fazer com que as/os professoras/es fossem entendidas/os e se entendessem como profissionais autônomos, aos quais pudessem ser imputadas responsabilidades por suas escolhas (TARDIF, 2013, p. 561). As/os professoras/es, segundo essas considerações, passariam a ser as/os especialistas da pedagogia e da aprendizagem, atrelando sua prática a conhecimentos científicos e substituindo, desse modo, os antigos saberes de experiência, fundamento da formação nas escolas normais, por um conhecimento especializado, fruto da pesquisa universitária. Para isso, caberia à academia trabalhar sua produção de conhecimento, de modo que esta fosse ao encontro da ação profissional, a fim de ampliar as competências práticas das/os professoras/es.

A partir da necessidade de constituição de uma base de conhecimento para o ensino, começa-se a perceber um direcionamento das pesquisas nesse sentido, o que levaria à profusão de trabalhos com essa temática e culminaria na formulação do conceito de saberes docentes. Tardif (2013) chama atenção para a ampliação significativa e crescente de estudos da educação com esse aspecto dos anos de 1980 em diante. Uma análise feita por ele na base de dados *Educacion Resources Information Center* (Eric), a qual considera a mais importante fonte de pesquisa em educação do mundo anglo-saxão, mostra que, entre os estudos da década de 1980 até a primeira década do século XXI, mais de 100 mil debruçaram-se, de algum modo, sobre a construção de um repertório de conhecimento para o ensino. Entre estes, ressalta o autor, mais de 20 mil pesquisas dedicaram-se ao *knowledge base*, os quais foram crescendo paulatinamente de uma década à outra. Nos anos compreendidos entre 1980 e 1990, 4,4 mil trabalhos estão registrados sobre o tema. Entre os anos 1990 e 2000, são 6 mil pesquisas com o mesmo enfoque. E no período entre os anos 2000 e 2010, há mais de 10 mil documentos (TARDIF, 2013, p. 562).

Tendo em conta o volume de trabalhos com foco no *knowledge base*, nos próprios anos de 1980, começaram a ser produzidos, nos Estados Unidos, estudos-síntese para tentar captar e compreender suas diversidades metodológicas e teóricas. Dois desses estudos-síntese são tomados neste livro, a partir da cuidadosa apresentação feita por Borges (2001): a síntese de Shulman (1986) e a de Martin (1992). Ambos ajudam a mostrar a configuração das pesquisas, bem como a variação de suas abordagens na busca pela constituição do conhecimento de base. Por meio da primeira síntese, chega-se à noção de saberes docentes, a qual se expande para outros países. A segunda, por sua vez, se debruça sobre os saberes docentes como conceito, buscando compreender sua natureza e levando em conta as diferentes abordagens utilizadas pelas pesquisas.

### 3.1.1.1 Estudos-síntese, conhecimento de base e, finalmente, saberes docentes

Estudos-síntese, de acordo com Borges (2001, p. 60-61), são estudos que visam a estabelecer agrupamentos, tipologias e classificações, e que também buscam captar as diversidades metodológicas e teóricas de certas pesquisas. Tais estudos são realizados quando se tem um volume de trabalho quantitativamente extenso que justifique que se venha a se debruçar sobre eles, o que é o caso das pesquisas que tratam do ensino e de suas variantes e seus desdobramentos. Entre os trabalhos de síntese a esse respeito, estão aqueles realizados por Shulman (1986) e Martin (1992), cuja relevância se dá pela amplitude da cobertura que propõem tanto no tocante às pesquisas sobre o ensino, quanto referentes à docência e aos saberes docentes (BORGES, 2001, p. 60). Além disso, particularmente para esta obra, a relevância das duas sínteses está em que, na primeira, se pode observar um caminho até que se pudesse chegar ao entendimento de que os saberes docentes ou conhecimentos docentes se constroem na prática do/a professor/a e são específicos dela. A segunda, porque faz uma discussão específica sobre as pesquisas que têm como preocupação os saberes docentes, já entendidos como saberes que se produzem na prática docente, buscando apresentar sua natureza.

O trabalho de Shulman (1986), conforme Borges (2001, p. 62), teve como objetivo "mapear os diferentes programas de pesquisa sobre o ensino e suas respectivas abordagens e, também, indicar perspectivas futuras para a pesquisa", fazendo um recorte temporal de estudos que vinham sendo realizados desde os anos de 1950. A síntese de Martin (1992), por sua vez, interessa-se pela análise das pesquisas realizadas nos países anglo-saxões, a partir das quais ressalta as abordagens teórico-metodológicas utilizadas para identificar os saberes docentes. Começa-se, então, pelo trabalho de Shulman (1986) e, logo após, dedica-se à síntese de Martin (1992).

Shulman (1986), à luz de Borges (2001), apresenta seis vertentes das pesquisas sobre o *knowledge base*, nomeando-as, explicando-as e destacando aquilo que considera suas limitações. A primeira vertente[46], referenciada como pesquisas de abordagem processo-produto, engloba os estudos que se dedicam à análise dos efeitos das ações das/os docentes sobre a aprendizagem, buscando correlacionar suas *performances* no ensino (o processo) às diferenças na aprendizagem das/os alunas/os (os produtos). Essas pesquisas foram desenvolvidas dos anos de 1950 em diante e se configuraram, para Shulman (1986), como a mais vigorosa vertente de pesquisa, por conta de seu "caráter objetivo".

A abordagem processo-produto orienta-se por estudos empíricos centrados no contexto de sala de aula e é fortemente marcada pela psicologia behaviorista aplicada. Os pressupostos dessa psicologia deixaram o ambiente de laboratório para serem utilizados em ambiente natural, no caso em tela, a escola. Os resultados dos estudos sob tal abordagem foram considerados por Shulman (1986) os mais generalizáveis, concretos e aplicáveis à prática e ao desenvolvimento de políticas e reformas. Em razão da "objetividade" com que são apresentados tais resultados, estes poderiam ser rapidamente transformados em propostas pedagógicas e utilizados pelas/os professoras/es sem que houvesse grande esforço de reflexão e necessidade de adaptação. Com essa abordagem, buscava-se alcançar um ensino eficaz, traduzido pelo comportamento eficaz do/a professor/a, o que, acreditava-se, repercutiria diretamente na aprendizagem da/o aluna/o, a qual deveria ser medida por testes padronizados, aplicados a todas/os as/os estudantes.

A segunda vertente destacada por Shulman (1986), *Academic Learning Time*, é uma variante da anterior, proposta na tentativa de preencher algumas lacunas deixadas nela. Seu objetivo é mostrar os motivos pelos quais determinados comportamentos são eficazes para a aprendizagem. Trata-se de uma vertente que vincula o tempo de aprendizagem da/o aluna/o à *performance* das/os docentes e, para compreender essa vinculação, considera o desenvolvimento durante o processo de ensino. Em vez de focar no resultado final, procura apontar os elementos que se colocam entre as condutas das/os professoras/es e as atividades das/os alunas/os. Essa é a única especificidade em relação à abordagem processo-produto, pois seus métodos e pressupostos permaneceram os mesmos, que são:

---

[46] Embora Borges (2001) apresente cada uma das vertentes, as quais chama de "programas", com riqueza de detalhes, listando os/as autores/as e os respectivos estudos enquadrados nelas, para os objetivos deste livro, apresenta-se apenas um resumo sobre elas que permita destacar suas características mais emblemáticas, as quais possibilitarão, mais adiante, apontar algum entendimento a respeito da construção da ideia de saberes docentes. O mesmo se pode dizer em relação à síntese de Martin (1992), tomada do estudo da autora.

> Ênfase no estudo das variáveis; foco centrado nos processos dedutivos do pensamento dos alunos; visão de estudante mais afinada com a ideia de uma unidade de análise individual que coletiva; concepção passiva da aprendizagem e não incorporação dos eventos da vida na sala de aula (BORGES, 2001, p. 64).

A terceira vertente, *Students Mediation*, tem seu foco na cognição das/os alunas/os, buscando compreendê-la por meio das intervenções das/os docentes. Tem também a tradição das pesquisas processo-produto, mas se diferencia das outras duas em um aspecto: seus pressupostos estão assentados na sociopsicologia. Além disso, situa-se de modo intermediário entre as vertentes citadas anteriormente e outra que Shulman (1986) aborda adiante, a *Classroom Ecology*, pois vai abrindo mão de um princípio metodológico estritamente quantitativo para se aproximar de estratégias qualitativas de coleta e análise de dados.

Nas pesquisas da *Students Mediation,* são considerados os conceitos construídos pelos campos da psicologia cognitiva, os estudos sobre a cognição social, as contribuições da sociologia e da antropologia no entendimento da mediação entre o social e o cognitivo. Nela se busca analisar a complexidade da vida em sala de aula, levando em conta os processos sociais e intelectuais na relação entre ensino e aprendizagem, na integração dos conhecimentos acadêmicos aos conhecimentos sociais, além de focar no que as/os estudantes pensam e sentem, bem como em suas motivações na realização das atividades propostas. A questão que norteia os estudos dessa vertente, tanto os que trazem um viés mais afinado com os pressupostos da psicologia, quanto aqueles que se movem nas bases da antropologia social, é: qual é o sentido dado ao ensino pelas/os estudantes, considerando os eventos ocorridos em sala de aula?

Os resultados das pesquisas sob a *Students Mediation*, assim como os das anteriores, continuavam tendo como preocupação munir as/os professoras/es de um repertório de conhecimentos que fossem úteis e eficientes ao desenvolvimento da prática pedagógica, de modo que elas/es pudessem utilizá-los em seus afazeres cotidianos.

A quarta vertente, nomeada por Shulman (1986) como *Classroom Ecology*, tem sua origem nos estudos antropológicos, sociológicos e linguísticos e inova em relação à anterior, sobretudo porque faz uso sistemático da metodologia de pesquisa qualitativa, em detrimento dos estudos quantitativos. É o primeiro grupo de trabalhos que se separa da vertente processo-produto e que pode ser sumarizado em quatro critérios de referência, tomados de empréstimo por Shulman (1986) do trabalho de Hamilton (1983) e registrado por Borges (2001). São eles:

- Primeiro, atenção aos eventos em classe, às interações entre as pessoas e seus respectivos meios, porém em reciprocidade e não a partir de uma perspectiva de causalidade;
- Segundo, compreensão do processo ensino-aprendizagem como um *continuum* de interações sem a pretensão de isolar determinados fatores buscando suas causas e efeitos;
- Terceiro, visão da sala de aula inserida no contexto mais amplo da escola, da comunidade, da cultura, da sociedade etc.;
- Quarto, observação daquilo que não é evidente, como os pensamentos, os sentimentos, as atitudes etc. dos agentes em sala de aula (BORGES, 2001, p. 65).

Na *Classroom Ecology,* busca-se privilegiar o sentido das ações dadas por professoras/es e alunas/os às interações construídas cotidianamente, utilizando-as como fonte de problematização do ensino, em vez de utilizá-las como fonte de acumulação de conhecimentos sobre práticas e comportamentos eficazes.

A quinta vertente tem como foco o conhecimento das/os docentes *(Teachers Knowledge)*. Passa-se, com esta vertente, dos estudos centrados no entendimento da ação docente à busca de compreensão sobre o conhecimento das/os professoras/es, isto é, sobre o processamento do conhecimento na mente delas/es. Sua sustentação se encontra na "psicologia cognitiva de Piaget", na psicologia da informação e na psicolinguística. A partir delas, intenta-se entender os processos cognitivos das/os docentes tanto no momento de planejamento de suas atividades quanto na ação e interação em sala de aula. Na tentativa de apreender tais processos, privilegia o uso de técnicas de reflexão em voz alta, observações e estímulo à memória.

Na *Teachers Knowledge,* o "conhecimento prático" das/os professoras/es começa a ser destacado a fim de propor uma teoria que possa ser derivada do resultado das observações e entrevistas realizadas com elas/es. Espera-se que, uma vez compreendendo os modos como as/os docentes elaboram o conhecimento, seja possível perceber a ligação entre as ações que desenvolvem e as ações das/os estudantes, buscando criar subsídios para preparar mais adequadamente as/os futuras/os profissionais da área.

A sexta vertente, finalmente, é onde o próprio Shulman (1986) situa seu trabalho. Nela, o pesquisador destaca o que considera ter faltado às vertentes anteriores para desenvolver a sua própria: faltou-lhes um esclarecimento a respeito "da compreensão cognitiva dos conteúdos das matérias ensinadas, e das relações entre estes conteúdos e o ensino propriamente dito que os docentes fornecem aos alunos" (BORGES, 2001, p. 66). Shulman (1986), orientado pela questão: "Qual conhecimento da matéria ensinada os professores têm em sua mente?", conforme destacado por Borges (2001, p. 66), desenvolveu seu trabalho de pesquisa.

Embora o próprio Shulman, já no ano de 1968, no congresso do Instituto Nacional de Educação, tenha apresentado o início do seu programa de pesquisa sobre os conhecimentos das/os professoras/es (*Teachers Knowledge*), coordenando um dos painéis, que teve como objetivo descrever a vida mental dos docentes; embora, ainda nesse mesmo congresso, tenha sido destacada e referendada sua ideia do/a professor/a como um agente que toma decisões e atitudes, emite juízos, reflete, entre outras posturas (FERNANDEZ, 2015, p. 502) — o que não se via nas vertentes processo-produto e começa a aparecer na *Classroom Ecology* —, foi no contexto do movimento de profissionalização do ensino, a partir dos anos de 1980, que essa perspectiva tomou corpo e se expandiu.

Nesse contexto, Shulman (1987) propôs e definiu um tipo de conhecimento que considera dizer respeito exclusivamente ao/à professor/a, que é o Conhecimento Pedagógico do Conteúdo (*Pedagogical Content Knowledge*), empregado na sigla em inglês PCK. Na tradução de Fernandez (2015, p. 506), lê-se que o PCK "é aquele amálgama especial entre conteúdo e pedagogia que pertence unicamente ao universo de professores, sua forma especial de entendimento profissional" (SHULMAN, 1987, p. 8). Trata-se de um conhecimento:

> [...] que vai além do conhecimento da matéria em si e chega na dimensão do conhecimento da matéria para o ensino. Eu [Shulman] ainda falo de conteúdo aqui, mas de uma forma particular de conhecimento de conteúdo que engloba os aspectos do conteúdo mais próximos de seu processo de ensino.[...] dentro da categoria de conhecimento pedagógico do conteúdo eu [Shulman] incluo, para os tópicos mais regularmente ensinados numa determinada área do conhecimento, as formas mais úteis de representação dessas ideias, as analogias mais poderosas, ilustrações, exemplos e demonstrações — numa palavra, os modos de representar e formular o tópico que o faz compreensível aos demais. Uma vez que não há simples

formas poderosas de representação, o professor precisa ter às mãos um verdadeiro arsenal de formas alternativas de representação, algumas das quais derivam da pesquisa enquanto outras têm sua origem no saber da prática (SHULMAN, 1986, p. 9 *apud* FERNANDEZ, 2015, p. 506).

Com a apresentação do Conhecimento Pedagógico do Conteúdo, assume-se que "há um conhecimento que é produzido na sala de aula do professor ao transformar os conhecimentos da base[47] em diálogo com a prática e produzindo o novo conhecimento, o PCK[48]" (FERNANDEZ, 2015, p. 504).

Shulman (1986, 1987) consubstancia o *conhecimento dos professores,* entendendo-o como próprio da profissão, cuja origem está em um saber da prática, gerado em situação de trabalho e, com isso, traz uma contribuição para o entendimento de que existe um conhecimento que é específico da situação da docência e se constrói nela. A partir desse entendimento, passou-se a discutir e problematizar os conhecimentos ou saberes docentes com uma amplitude e profundidade que geraria discussões das mais diversas a seu respeito. Como destaca Borges (2001, p. 66, grifos meus):

> Com Shulman (1986), tem-se uma ideia dos programas que orientaram as pesquisas sobre o ensino e a docência *e é devido à sua própria pesquisa que se viu sinalizada a temática dos saberes dos docentes.* Mesmo se o tema conhecimento já vinha sendo revelado nas outras pesquisas, é com os estudos sobre a cognição dos docentes, com a volta ao ator — ou seja, o professor — como sujeito das ações, e mais adiante com a crise das profissões, com o movimento pela profissionalização, com as grandes reformas educativas nos Estados Unidos, que observamos esse tema aflorar e expandir-se rapidamente. Assim que, as sínteses que se seguem já trazem as influências desse novo contexto e buscam, cada uma ao seu modo,

---

[47] Aqui os conhecimentos de base referem-se ao conhecimento do tema, ao conhecimento pedagógico e ao conhecimento do contexto, estes, para Fernandez (2015, p. 504), sim, são informados aos professores pela academia.

[48] Embora Shulman (1987) também se refira a outros dois tipos de conhecimento importantes para o desenvolvimento da prática docente, isto é, o Conhecimento Curricular do Conteúdo e o Conhecimento Específico do Conteúdo, sendo este o que, em suas considerações, aparece como o que garante a profissionalidade da docência, tendo em conta que todo/a professor/a é professor/a de uma disciplina e sobre ela deve ter pleno domínio, para os objetivos deste trabalho, interessa destacar o Conhecimento Pedagógico do Conteúdo (PCK), dada a defesa de Shulman (1987) de que este conhecimento é próprio das/os professoras/es. Todavia, segundo o autor, os três concorrem para o desenvolvimento de uma prática adequada do/a professor/a com seus alunos e suas alunas. Ao/à professor/a caberia a transformação do conteúdo em PCK, e, nesta transformação, ele/a deve levar na devida conta as dificuldades que os/as alunos/as possam apresentar em relação ao conteúdo abordado, o contexto no qual se trabalha, as estratégias instrucionais a serem utilizadas, os modos de avaliação e outras características próprias do desenvolvimento do trabalho pedagógico.

> traçar um panorama das abordagens que vão, em diferentes momentos, orientar a pesquisa sobre os saberes dos docentes.

O trabalho de síntese desenvolvido por Martin (1992) enquadra-se nas considerações feitas por Borges (2001) a respeito dos desdobramentos ou das influências recebidas pelas pesquisas apresentadas por Shulman (1986, 1987). Com Martin (1992), é possível visualizar os contornos dos estudos que se lançaram com o objetivo de derivar alguma compreensão mais precisa sobre os saberes docentes.

O pesquisador, ao buscar analisar a pluralidade pedagógica das pesquisas que estavam sendo desenvolvidas nos países anglo-saxões sobre os conhecimentos de base, ressalta que os saberes docentes são o tema que contempla. Ele se propõe a apresentar a síntese dessas pesquisas segundo a *natureza* desses saberes, identificando as abordagens teórico-metodológicas utilizadas para isso. São elas: a psicocognitiva, a subjetiva-interpretativa, a curricular e a profissional.

A psicocognitiva enfatiza a "estruturação mental dos saberes e sua aplicação no contexto concreto de sala de aula" (BORGES, 2001, p. 67). O objetivo das pesquisas desenvolvidas com esse enfoque é tornar evidente as diferenças entre as/os docentes que já percorreram um caminho na educação e as/os que estão iniciando a carreira. A conclusão mais elementar desses estudos é a de que as/os professoras/es com mais experiência contam com um maior repertório de saberes em relação à rotina da classe, o que lhes permite uma adaptação rápida a diferentes situações, mostrando que baseiam suas práticas em esquemas de ação mais estruturados. As/os professoras/es novatas/os, por seu turno, ainda não contam com esse repertório, porque lhes falta a experiência para construí-lo:

> O interesse dos pesquisadores é pela rede de estruturas ou repertório de conhecimentos, das rotinas e das ações vividas em sala de aula, que se complexificam com o tempo, a partir das experiências passadas, num processo de construção e reconstrução das estruturas mentais (BORGES, 2001, p. 67).

Do segundo grupo de trabalhos, subjetivo-interpretativo, Martin (1992) destaca sua natureza etnometodológica, em que são considerados o contexto e a situação na geração dos saberes docentes, sendo utilizadas como instrumentos de pesquisa a entrevista e a observação participante. Essa abordagem busca representar o saber docente como um conjunto de saberes objetivos e formais, mas constituídos pelas relações subjetivas que as/os professoras/

es mantêm com suas práticas. Isso significa que esses saberes são modelados por relações afetivas, morais, críticas, estéticas, valorativas etc.

Estudos que focalizam as imagens como metáfora, a linguagem, a biografia e a história de vida das/os docentes em suas mais variadas acepções e enfoques inserem-se no tipo de pesquisa subjetivo-interpretativa. Seu objetivo primeiro é mostrar a relação subjetiva que a/o docente estabelece "com as diversas facetas de seu trabalho e como essa relação intervém na constituição dos saberes e no exercício da prática docente" (BORGES, 2001, p. 67).

Outro grupo de pesquisas apresentado por Martin (1992) refere-se àquelas que foram agrupadas e nomeadas por ele como "curriculares". São estudos que buscam compreender como os conhecimentos relativos "ao ensino, aos conteúdos curriculares e aos programas" repercutem na ação docente e de que modo as/os professoras/es operam com estes conhecimentos no contexto de sala de aula. Inserem-se no conjunto de trabalhos que fazem uma tentativa de explicar a relação entre os "saberes proposicionais" e os "saberes institucionalizados" e de que modo ambos contribuem para moldar a prática. É exatamente aqui que Martin (1992) situa o trabalho de Shulman (1987). Alguns desses estudos, conforme salienta Borges (2001, p. 68), chegam a afirmar que "se existe um saber docente, este é o curricular, afinal se existe um saber indispensável ao professor, trata-se do saber dos conteúdos que ele ensina, mesmo tomando-se em conta que um docente deve conhecer seus alunos e suas condições sociais etc.".

A quarta e última abordagem elencada pelo autor, a qual chama de "profissional", apoia-se na ideia central de que as/os professoras/es são produtoras/es de saberes, pois há um conhecimento que emerge da prática profissional. Os trabalhos sob esta abordagem tomam como verdade que docentes desenvolvem um saber prático "diante da imprevisibilidade e ambiguidade da prática, o que exige [...] uma capacidade artística, de invenção, de adaptação à realidade do ensino que, por sua vez, é dinâmica e se encontra em constante transformação" (BORGES, 2001, p. 68).

Estão agrupados nesse guarda-chuva conceitual de Martin (1992) autores influentes nos estudos realizados no Brasil, os quais desembarcaram por aqui com fortes argumentos para se discutir o saber docente, a formação de professoras/es e o papel da pesquisa em suas formações e práticas, trazendo à baila conceitos como professor/a pesquisador/a, professor/a reflexivo/a, pesquisa-ação, pesquisa da própria prática, prática reflexiva e seus derivados. Entre eles, destacam-se Tardif, Lessard e Lahaye (1991), aos quais se vincula o entendimento de que as/os professoras/es produzem saberes que lhes permitem compreender e dominar a prática; Schön (1983), segundo o qual as/os professoras/es, diante das questões impostas pela prática, refletem sobre ela e vão criando um repertório de saberes para serem utilizados em situações semelhantes àquelas nas quais eles foram criados; e, é preciso acrescentar, Stenhouse (1975) e Elliott (1993)[49], que sustentam que as/os professoras/es produzem conhecimento fundamentados em uma investigação sistemática de sua própria prática.

Martin (1992) conclui seu estudo-síntese de modo simples e direto. Ele ressalta a necessidade de se ter em conta que o campo de estudos sobre os saberes docentes é plural e que os/as pesquisadores/as precisam estar atentos/as a essa pluralidade quando realizam seus trabalhos (BORGES, 2001, p. 69).

A partir dessa consideração do pesquisador, mais que a pluralidade de estudos sobre os saberes docentes, o que se tem é um panorama que mostra a relevância desses saberes para se pensar o exercício da docência e a produção de conhecimento relacionada a ela, deixando evidente que, no caminho emergencial de constituição do conhecimento de base, foi sendo gestada, desde Shulman (1986), a ideia de um conhecimento específico das/os professoras/es e que se constrói em sua prática. Tanto no trabalho de Shulman (1986), quanto no trabalho de Martin (1992), vão sendo deixadas pistas em relação aos saberes docentes, que podem levar a outro caminho de compreensão a seu respeito. Alinhavando alguns pontos que saltam dessa discussão e buscando seu aprofundamento, desenvolve-se o subtópico a seguir.

### 3.1.2 O saber sobre os saberes docentes: uma leitura e um apontamento possível

Os saberes docentes, como conceito que sustenta que existe um conhecimento produzido na prática do professorado, têm por trás de sua construção, como ficou evidente nas páginas anteriores, um projeto que foi nomeado "movimento de profissionalização do ensino" (TARDIF, 2013), cuja preocupação recaía sobre a melhoria da qualidade do ensino. Esta, para ser alcançada, acreditava-se, demandava a constituição de uma

---

[49] Embora Borges (2001) não situe os trabalhos de Lowrence Stenhouse e John Elliott, suas publicações, de 1975 e 1993, também chegaram ao país no bojo das discussões que trouxeram os pesquisadores anteriormente citados (FAGUNDES, 2016).

base de conhecimentos capaz de legitimar a docência como profissão. Tal base de conhecimento não era de qualquer ordem, mas de um *conhecimento científico*, pois, conforme registrou Tardif (2013, p. 561), seria ela que faria as/os professoras/es abandonarem os saberes constituídos a partir da experiência, levando-as/os a desenvolver sua prática mediante resultados objetivos e sólidos, fruto das pesquisas acadêmicas.

Ao se tomar para reflexão o estudo-síntese proposto por Shulman (1986 *apud* BORGES, 2001), percebe-se que as pesquisas que tinham como temática a base de conhecimento para o ensino encaminharam-se a fim de atender a uma configuração que respeitasse os critérios de cientificidade, procurando se firmar sobre a objetividade, nos moldes que foram discutidos no primeiro capítulo deste livro. Mesmo a *Classroom Ecology,* que, em uma primeira impressão, parece afastar-se dessa dimensão, ao assumir em seus estudos uma abordagem qualitativa, não escapa dela. Nela, observa-se uma vinculação com um tipo de pesquisa que se interessa *sobre* a situação com uma perspectiva externa. Dito de outra maneira, na *Classroom Ecology,* deita-se o olhar sobre o fazer/saber docente e dele se busca derivar algum entendimento a respeito desse fazer/saber, com a finalidade de construir um retrato acerca do ensino.

Na mesma direção, Shulman (1986, 1987) apresenta o *Pedagogical Content Knowledge*, o PCK, ou Conhecimento Pedagógico do Conteúdo, inovando em relação aos outros trabalhos, por considerar que esse conhecimento diz respeito exclusivamente à profissão docente e se produz na prática das/os professoras/es. A partir de Shulman (1986), como destacou Borges (2001), ganhou corpo, expansão e cada vez mais eloquência o conhecimento, ou saberes docentes, os quais se tornaram alvo, inclusive, de um estudo-síntese próprio, buscando compreender sua natureza (MARTIN, 1992 *apud* BORGES, 2001). Todavia, se, por um lado, Shulman (1986, 1987) contribui significativamente para o reconhecimento de uma produção de conhecimento na docência[50] e, desse modo, para seu reconhecimento como profissão na esteira do movimento de profissionalização de ensino, por outro lado, se enreda em questões cuja problemática parece a mesma das demais pesquisas por ele tomadas para discussão, embora sua intenção e seu discurso fossem contrários a isso.

---

[50] Fernandez (2015, p. 504) salienta que a utilização por Shulman (1987) do termo *conhecimento* para compor a especificidade do Conhecimento Pedagógico do Conteúdo (PCK), também entendido como *conhecimento dos/as professores/as*, foi feita deliberadamente, visando a valorizá-lo e, ao mesmo tempo, igualá-lo aos conhecimentos que são produzidos na academia.

Elliott (1998, p. 139-141) utiliza a argumentação de Sockett (1987) para problematizar o PCK proposto por Shulman (1987) e sustenta que há, vinculada à sua proposta, a descrição de técnicas que visam à implementação de um ideal de ensino que desconsidera o contexto em que ele se desenvolve. Para fazer essa afirmativa, Sockett (1987 *apud* ELLIOTT, 1998) toma como referência a descrição de Shulman (1987) a respeito de uma professora chamada Coleen, que ensinava gramática. No relato da pesquisa, a professora aparece como alguém que se mostra insegura ao ensinar gramática, e, por conta disso, os pesquisadores concluem que ela restringe o ensino de gramática a aulas expositivas. Para o autor, existe nessa consideração um foco na relação entre os métodos de ensino e o conhecimento da matéria, além de uma ignorância em relação ao conhecimento contextual da professora, sua situação pessoal e ocupacional.

Sockett (1987 *apud* ELLIOTT, 1998) segue argumentando que a professora faz aquilo que seu conhecimento prático acredita ser mais adequado às circunstâncias em que se encontra e, encerrando sua exposição, considera que Shulman (1987) e seus colaboradores "veem o conhecimento pedagógico como aquele construído por meio de um processo de *reflexão sobre a ação*, o qual se move de atividades pré-planejadas (*pre-hoc*) para posterior avaliação (*post-hoc*)" (ELLIOTT, 1998, p. 141, grifos do autor).

> Tal modelo de pensamento pedagógico reflete mais uma preocupação primária em atender às exigências externas do processo e em explicar e justificar as atividades de ensino do que em produzi-las durante o processo de ensino, em ação (*per-hoc*). Este modelo negligencia a "*reflexão em ação*"[51], quando ambas se encontram em prática "naquele imprevisível, mutável e incerto contexto – a sala de aula" (ELLIOTT, 1998, p. 141).

Complementando o raciocínio de Sockett (1987), Elliott (1998, p. 141) salienta:

> Sockett alerta-nos para a natureza prescritiva de um modelo cíclico de pensamento pedagógico, oriundo de exigências externas de julgamento e avaliação (veja, por exemplo, o

---

[51] A perspectiva de Elliott, neste caso, em termos conceituais, aproxima-se da ideia de Donald Schön (1992), que vai sustentar que as/os professoras/es passam por um processo de *reflexão na ação* e, a partir dela, vão criando um repertório de conhecimentos para lidar com situações semelhantes àquela que provocou a reflexão primeira. No entanto, diferentemente de John Elliott, a natureza do pensamento de Shön atrela-se às suas análises a respeito da reflexão de profissionais de diferentes áreas do saber (SHÖN, 1983), adaptando-a, posteriormente, aos profissionais da educação. Elliott (1998), por sua vez, pensa na *reflexão em ação* tomando como base o espaço de exercício do magistério propriamente dito, a sala de aula, e marca este lugar como imprevisível, mutável e incerto, algo que vai demandar uma constância da reflexão em ação.

> modelo geralmente prescrito para a melhoria da escola), e o
> modo como isto distorce o processo de reflexão que é sen-
> sível e responsável pela dinâmica qualitativa do movimento
> da sala de aula e ao caráter ético do ensino como atividade.

Não obstante o fato de que as abordagens cientificistas dominaram o cenário das pesquisas que se debruçaram sobre a base de conhecimento para o ensino, note-se que, mesmo na primeira vertente da síntese apresentada por Shulman (1986), há um registro de que elas abandonaram seus laboratórios e foram para o interior das escolas, tentando desse espaço derivar tal conhecimento.

Se toma-se como verdade o sentido de produção de conhecimento e os argumentos que vêm sendo trazidos para este livro, isto é, que o conhecimento se tece com os sujeitos e os contextos, talvez se possa, ao menos, desconfiar de que o fato de essas pesquisas estarem nas escolas, com as/os professoras/es, tenham tido parte na formulação dos conceitos por elas apresentados e tenham tido parte, sobretudo, na proposição do conceito de saberes docentes. Um indício a esse respeito é dado pelo próprio Elliott (1998), ao tratar da pesquisa do/a professor/a, sobre a qual se falará mais adiante.

Além do universo *concei(tex)tual* no âmbito do qual se viu sinalizada a temática dos saberes docentes, deve-se notar também que a experiência, adquirida nas vivências e na prática docente, passa a figurar como eixo articulador destes saberes. No estudo-síntese de Martin (1992), isso fica evidente em muitos momentos: quando o autor diz que as/os docentes com mais experiência contam com um repertório maior de saberes; que o contexto e a situação são considerados na constituição dos saberes docentes; que as professoras e os professores são produtores de saberes que emergem da prática profissional; que elas e eles produzem conhecimentos cujo fundamento está na investigação sistemática da própria prática.

Tardif (2000, p. 13), corroborando Martin (1992 *apud* Borges 2001), ao discorrer sobre os saberes docentes, salienta que a experiência é uma característica de tais saberes. Ela se relaciona, conforme o autor, ao fato de as/os professoras/es terem passado longos anos na escola básica até se tornarem profissionais, o que lhes proporciona uma formação mediante a qual vão se incutindo uma série de disposições estáveis e duráveis, que lhes dão algumas perspectivas relativas ao ensino. Para o pesquisador, além disso, boa parte daquilo que as/os professoras/es sabem sobre o seu trabalho é fruto de sua história de vida, principalmente de sua história de vida escolar.

É, portanto, justamente sobre a experiência, da qual se tinha como objetivo desvencilhar a base de conhecimento para o ensino e a profissão docente em nome de um conhecimento científico idealizado, que se volta, não só para buscar essa base, como também para considerar a produção de conhecimento na docência.

Neste ponto, há que se destacar que a ênfase na experiência e na prática dada aos saberes docentes pode ser lida como um movimento importante para se pensar o conhecimento de acordo com suas características mais comuns, conforme vimos com Maturana (2001); Branquinho *et al.* (2016); Gonseth (1975) e outros/as. Nesse sentido, é fundamental dizer que esse conhecimento da experiência e da prática não se restringe à docência, mas, como se vem argumentando ao longo deste trabalho, ao processo mesmo de conhecer, inclusive no fazer científico, entre as/os cientistas.

No âmbito da educação, o entendimento sobre a produção de conhecimento das/os professoras/es acabou por se configurar como um campo de estudos particular denominado "epistemologia da prática docente", que vem contribuindo não só para se pensar essa produção como para dar-lhe legitimidade. Sobre as contribuições e leituras dessa epistemologia, trata o próximo tópico, a partir do diálogo com Tardif (2000), Pimenta (2010, 2014) e Carvalho e Therrien (2009), dos quais partem subsídios importantes para discuti-la e problematizá-la.

## 3.2 A epistemologia da prática docente: avanços em relação ao reconhecimento da produção de conhecimento para além do espaço acadêmico-científico

A epistemologia da prática docente configura-se como um campo de estudos que se volta para os saberes docentes e pode ser considerada tão plural quanto o próprio tema que toma para si. Sua premissa basilar, no entanto, recai sobre a ideia de que o/a professor/a é um/a produtor/a de saberes que se desenvolvem em seu exercício profissional. A partir disso, os/as autores/as e pesquisadores/as caminham aproximando-se e afastando-se em suas discussões para defender esses saberes, trazendo perspectivas que se coadunam aos contextos e sujeitos com os quais estão relacionados e dialogam.

O impulso para o reconhecimento da epistemologia da prática como um campo de estudos na área educacional pode ser situado, principalmente, a partir do trabalho de Maurice Tardif (2000, p. 10), segundo o qual a epistemologia da prática profissional, relativamente à docência, caracteriza-se como "o estudo do conjunto de saberes utilizados realmente pelos profissionais em seu espaço de trabalho cotidiano para desempenhar todas as suas tarefas". Sua preocupação primeira:

> [...] é revelar esses saberes, compreender como são integrados concretamente nas tarefas dos profissionais e como estes os incorporam, produzem, utilizam, aplicam e transformam em função dos limites e dos recursos inerentes às suas atividades de trabalho. Ela também visa a compreender a natureza desses saberes, assim como o papel que desempenham tanto no processo de trabalho docente quanto em relação à identidade profissional dos professores (TARDIF, 2000, p. 11).

Para sustentar sua proposição, o autor lança mão de uma série de argumentos que dão validade à epistemologia da prática docente, bem como apresenta um conjunto de possibilidades de trabalho de pesquisa que concorrem para o entendimento dos saberes docentes no âmbito dessa epistemologia. O primeiro deles é a consideração de que a existência dos saberes docentes só pôde ser assumida quando a própria epistemologia se abriu para atender a um objeto que não esteve arrolado nos pressupostos de conhecimento sustentados no discurso cientificista. Para ele, à medida que o campo tradicional da epistemologia começa a passar por um processo de esfacelamento, assiste-se à sua abertura para outras *epistemes*, entre as quais aquelas que se relacionam ao conhecimento de profissionais, como médicos/as, psicólogos/as, trabalhadores/as sociais, professores/as, entre outros.

Frente a construções teóricas que foram deixando de lado uma visão estritamente positivista sobre a ciência, pela qual a epistemologia buscava normatizar e diferenciar a ciência da não ciência, pensadores como Popper e Kuhn começaram a apresentar reflexões que levassem em conta a atividade científica, tal como ela se desenrola no contexto real. Ao mesmo tempo, acompanhou-se o surgimento de investigações nas áreas da sociologia das ciências, da história das ciências e sua antropologia, em trabalhos como os de Foucault, Derrida, Lyotard, Latour[52], para citar alguns, que passaram a questionar a natureza da atividade científica como um corpo sólido, desinteressado e autônomo de razões a serviço de "descobertas" para a humanidade. Em seu lugar, cultivaram a desconfiança sobre tais suposições

---

[52] Tardif (2000) não data a obra dos pensadores citados. Isso também se aplica a Popper e Kuhn, ambos citados como referência no trabalho do autor.

PARA UMA EPISTEMOLOGIA DA EDUCAÇÃO ESCOLAR: CAMINHOS DE UMA ATITUDE ETNOGRÁFICA

e fizeram um grande esforço no sentido de mostrar a vinculação da ciência a diferentes formas de poder. Diante desse quadro, estudos que buscavam discutir o senso comum, os saberes do cotidiano, os jogos de linguagem, os saberes das profissões foram ganhando força, fazendo com que novas propostas de entendimento sobre diferentes formas de construção de conhecimento emergissem, entre elas, aquela que diz respeito aos saberes das/os professoras/es.

Partindo dessa compreensão, Tardif (2000) sustenta o campo da epistemologia da prática e apresenta seus desdobramentos para a educação, sobretudo em relação à produção de conhecimento e às pesquisas na área. Assumindo este campo de estudo, o autor elenca seis consequências e indica quatro tarefas a serem seguidas pelos/as pesquisadores/as que levam em conta sua existência.

A primeira consequência diz respeito ao reconhecimento dos saberes profissionais que fazem parte do trabalho docente. Esses são construídos e utilizados de modo significativo pelas/os professoras/es e somente no espaço de trabalho é que têm pleno sentido.

A segunda consequência é o reconhecimento de que os saberes profissionais não se confundem com os conhecimentos transmitidos pela formação universitária. Ao utilizarem alguns desses conhecimentos, as/os profissionais da educação, segundo Tardif (2000), fazem-no de maneira adaptada e selecionada para determinadas situações, formulando, assim, na realidade, novas teorias.

A essa consequência, segue-se outra, que implica a adoção de uma postura de encontro com a escola. Se quer-se conhecer alguma coisa relacionada aos saberes profissionais da área do ensino, deve-se abandonar uma prática de pesquisa que se desenvolve na solidão de um laboratório ou gabinete, na leitura de livros que definem valores educativos e sua natureza, bem como aqueles relativos às leis de aprendizagem, e jogar-se nos locais de trabalho das/os professoras/es para compreender como pensam, falam, agem etc.

A quarta consequência apresentada pelo autor refere-se à consideração das/os docentes como atores que têm saberes sobre o que fazem. São profissionais que apresentam uma inequívoca competência diante de seu trabalho, assumindo as condições e medindo as implicações que dele procedem, delineando-o de acordo com os objetivos que querem alcançar.

Outra consequência para as pesquisas acerca do ensino refere-se à definição não normativa dos estudos que incidem sobre ele. O interesse

139

dos/as pesquisadores/as, que recaía muito mais sobre aquilo que as/os professoras/es deveriam fazer, ser e saber, cede lugar ao entendimento de que a pesquisa deve pautar-se naquilo que eles são, fazem e sabem.

A última consequência é que os saberes profissionais passam a ser adotados em uma perspectiva ecológica, levando-se em conta o conjunto de saberes que são mobilizados e utilizados pelas/os professoras/es nas tarefas que realizam. Em vez de tomar o ensino mediante análise proposta pela Didática e pela Pedagogia, é importante "fazer emergir as construções dos saberes docentes que refletem as categorias conceituais e práticas dos próprios professores, constituídas no e por meio do seu trabalho cotidiano" (TARDIF, 2000, p. 13).

Segundo Tardif (2000, p. 20), diante das considerações apresentadas, o caminho da pesquisa acadêmica no âmbito da educação precisa rever suas práticas, indo ao encontro da escola, dos saberes docentes nela produzidos, a fim de que haja uma reconstituição dos saberes epistemológicos da profissão. Para isso, algumas tarefas devem ser minimamente respeitadas e desenvolvidas pelos/as pesquisadores/as. A primeira consiste em que eles/as trabalhem nas escolas e nas salas de aula, em colaboração com as/os professoras/es, e construam com elas/es um repertório de conhecimentos para o ensino. As/os professoras/es, nessa perspectiva, são consideradas/os copesquisadores ou coelaboradores do trabalho que se delineia sobre seus saberes profissionais.

A segunda tarefa diz respeito à utilização de dispositivos de formação, ação e pesquisa que não sejam exclusivos da carreira universitária. Há que se levar em conta a necessidade que as/os profissionais da escola têm de que esses dispositivos sejam pertinentes, coerentes e úteis à sua prática profissional. Assim, uma estreita parceria entre os/as pesquisadores/as e as/os professoras/es precisa ser estabelecida e, paulatinamente, ampliada, de modo que suas participações se estendam aos fóruns deliberativos que elaboram e direcionam a formação de futuras/os profissionais.

A terceira e penúltima tarefa para a pesquisa universitária em educação, considerada ainda utópica pelo autor, refere-se ao imperativo de transferir parte da formação das/os professoras/es para o contexto escolar. Ele cita como exemplo a Inglaterra, que, a partir de 1992, transferiu dois terços da formação inicial do professorado para a escola. Embora reconheça que os resultados dessa transferência ainda sejam incertos, destaca, por outro lado, que ela contribui para que se possa refletir sobre os processos de formação

PARA UMA EPISTEMOLOGIA DA EDUCAÇÃO ESCOLAR: CAMINHOS DE UMA ATITUDE ETNOGRÁFICA

na universidade. Tardif (2000, p. 21) salienta, ainda, que "é preciso quebrar a lógica disciplinar universitária nos cursos de formação profissional", o que implicaria uma reformulação dos próprios modelos existentes na carreira universitária, atravessados por uma série de prestígios materiais e simbólicos que justificam sua existência.

A última tarefa, que, para Tardif (2000), parece mais urgente e necessária, é que as/os professoras/es universitárias/os no campo da educação passem a realizar pesquisas e reflexões críticas sobre suas próprias práticas de ensino. Em vez de focarem em trabalhos que se debrucem sobre a prática docente nos primeiros anos escolares, devem voltar-se para si e para suas atividades, desmistificando a ideia de que não têm prática de ensino e que estas não constituiriam uma pesquisa legítima. As teorias que são elaboradas por essas/es profissionais na universidade devem também servir para sua própria prática, de maneira que as "teorias professadas" e as "teorias praticadas" se aproximem uma das outras. Diz o autor:

> Elaboramos teorias do ensino e da aprendizagem que só são boas para os outros, para nossos alunos e para os professores. Então, se elas só são boas para os outros e não para nós mesmos, talvez isso seja a prova de que essas teorias não valem nada do ponto de vista da ação profissional, a começar pela nossa (TARDIF, 2000, p. 21).

Com essas considerações, o pesquisador consegue apresentar um sumário que têm sentido *no* e dão sentido *ao* campo da epistemologia da prática docente. Ao mesmo tempo, tensiona os estratos acadêmicos a respeito da produção de conhecimento para o ensino e em relação à formação de seus profissionais, buscando evidenciar que essa produção não é a que tem conduzido as práticas das/os professoras/es em seu exercício, as/os quais reelaboram e produzem suas próprias teorias. Essas, segundo ele, se pesquisadas em uma dimensão de coelaboração, podem levar a uma condução importante não só da produção de conhecimento, como também da formação de futuras/os professoras/es.

Diante das colocações de Tardif (2000), é possível notar uma ratificação pelo campo de estudos da epistemologia da prática do conhecimento docente. É possível notar, também, na elaboração conceitual que propõe, elementos que remetem ao movimento de profissionalização do ensino. Isso é percebido quando o pesquisador afirma que a preocupação da epistemologia da prática docente é revelar os saberes das/os professoras/es a partir da compreensão de sua integração com as tarefas diárias dessas/es profissionais. Entretanto, o modo como sua proposta se delineia busca um encontro com a escola e suas/seus professoras/es, sobretudo quando propõe um caminho para a pesquisa acadêmica em educação que promova com esse encontro a aproximação entre os/as profissionais do ensino superior e da educação básica no sentido da parceria, ou, nas palavras do autor, em uma perspectiva de coprodução ou coelaboração.

Levando isso em conta, observa-se em Tardif (2000) a conjunção de noções circundantes ao contexto educacional organizados em função da defesa do campo da epistemologia da prática e dos saberes docentes. Ele é acompanhado por outros/as autores/as que endossam sua perspectiva, os/as quais partem de alguns apontamentos apresentados por ele próprio, desdobrando-os ou aprofundando-os (BORGES, 2001; MONTEIRO, 2001; CARVALHO; THERRIEN, 2009) ou por aquelas/es que, apoiados em diferente suporte, vão construindo outro grupo de argumentos na defesa da epistemologia da prática (PIMENTA, 1999, 2000, 2014; MONTEIRO, 2010; SOARES, 2012).

Pimenta (1999, 2014) faz parte do segundo grupo e tem percorrido um longo caminho para pensar a constituição da epistemologia da prática docente como campo de investigação "capaz de conferir estatuto próprio de conhecimento ao desenvolvimento dos saberes docentes" (PIMENTA, 2014, p. 20). Com vistas a criar um raciocínio que possa referendar esse campo epistemológico e amparar os saberes docentes, a autora se sustenta em algumas premissas e as desenvolve a partir das reflexões que realiza em diálogo com autores como Sacristán (1999) e Laneve (1993).

Entre as premissas encontradas em Pimenta (2014), destacam-se duas. A primeira delas diz que prática e teoria são indissociáveis no plano da subjetividade do sujeito. A segunda é a que alega que a ação das/os docentes tem um papel preponderante na construção dos saberes didáticos e, assim, precisa ser considerada no encaminhamento das pesquisas no âmbito da educação, particularmente na área da Didática[53]. Tomando como ponto de

---

[53] Os saberes didáticos, e a própria Didática como área de estudos que se ocupa desses saberes, perpassam as construções teóricas que Pimenta (1999, 2014) procura realizar, revelando-se em seus trabalhos como uma questão central à educação. A partir delas é que a autora discute os saberes docentes, encarados como saberes que estão na base da composição dos saberes didáticos e, por isso, devem ser observados de um ponto de vista que assuma uma epistemologia da prática docente, para que haja também uma forma diferente de se encarar a Didática como área de estudos. Não faz parte do interesse deste trabalho discutir as questões didáticas na obra de Pimenta, sobretudo considerando sua complexidade e vastidão (1999, 2006, 2010, 2014, para citar algumas), apenas ressaltar que é nela que a autora situa a relevância da epistemologia da prática docente.

partida a discussão de Sacristán (1999), Pimenta (2010, 2014) afirma que existe um diálogo permanente entre ação e conhecimento pessoal. Esse conhecimento, no entanto, não tem uma dimensão estritamente individual. Ele não é formado apenas pela experiência de um sujeito particular. Trata-se, isso sim, de um conhecimento que pode ir sendo nutrido, por exemplo, por teorias veiculadas no campo educacional que possibilitam ao/à professor/a criar esquemas de ação, mobilizados em situações concretas, tendo como substrato um acervo "teórico-prático" em constante processo de reelaboração.

Segundo a autora, a prática das/os professoras/es contém saberes derivados da ação direta, do bom senso, da intuição, do poder de decisão, da capacidade pessoal de julgamento, que constituem o saber didático, os quais precisam ser levados em conta.

> Entendemos que nas práticas docentes estão contidos elementos extremamente importantes, tais como a problematização, a intencionalidade para encontrar soluções, a experimentação metodológica, o enfrentamento de situações de ensino complexas, as tentativas mais radicais, mais ricas e mais sugestivas de uma Didática inovadora, que ainda não está configurada teoricamente (PIMENTA, 2014, p. 23).

Fazendo uso de Laneve (1993), Pimenta (1999, 2014) afirma que a construção do saber didático, que é o saber que as/os professoras/es utilizam em sua ação docente, não se dá somente pela realização de pesquisas com o formato estritamente acadêmico-científico. Ele se dá também por meio da experiência das/os docentes, daquilo que fazem e do que podem vir a fazer na escola. Mediante tal consideração, a autora apresenta, com Laneve (1993), os caminhos de uma pesquisa em Didática que leve em conta a construção de saberes fundamentados na prática.

O primeiro passo nesse sentido seria a produção de um registro sistemático de experiências que pudessem vir a constituir a memória da escola. Uma vez constituída, esta memória poderia ser analisada mediante um processo de reflexão, por meio da qual adviria uma contribuição tanto para elaboração teórica quanto para o engendramento de novas práticas (PIMENTA, 2014, p. 23, 1999, p. 27).

No processo de elaboração e reconstituição da memória, o papel da pesquisa consistiria em "recolher, articular e interpretar o conhecimento prático das/os professoras/es, não para criar uma literatura de exemplo, mas para estabelecer princípios, pressupostos, regras em campo de atuação" (PIMENTA, 2014, p. 26). Citando Leneve (1993), a autora conclui esse pensamento afirmando que a pesquisa visa a "promover a passagem da mera idealização do discurso pedagógico à análise aprofundada das experiências de ensino, com vistas a descobrir a inteligência difusa, aquela sabedoria didática que os docentes expressam" (LANEVE, 1993, p. 32 *apud* PIMENTA, 2014, p. 26).

Com a sustentação que realiza, Pimenta (1999, 2014) busca uma ressignificação da Didática com base na epistemologia da prática e, ao fazer isso, tem como objetivo amparar a ideia de que as/os professoras/es estão implicadas/os e devem ser consideradas/os na produção de conhecimento sobre os saberes didáticos, fundamentais para constituir um corpo teórico a respeito dela e para a práxis docente.

Em Pimenta (1999, 2014), assim como em Tardif (2000), percebe-se o franco entendimento dos saberes docentes como conhecimento que se constrói na prática profissional e que devem ser levados em conta, para ela, na produção de conhecimento sobre os saberes didáticos e, para ele, na produção de conhecimento para o ensino. Ambos situam, cada um a seu modo, o papel da pesquisa em educação para acessarem esses saberes. Enquanto Tardif (2000) defende a coelaboração e a coparticipação e entende a epistemologia da prática docente como o campo de estudos do conjunto de saberes realmente utilizados pelas/os professoras/es, Pimenta (1999, 2014) compreende que o papel do campo é a garantia de um estatuto próprio de conhecimento para o desenvolvimento dos saberes docentes a partir da realização de estudos que se dediquem ao recolhimento, à interpretação e à articulação do conhecimento prático das/os professoras/es.

Além desses elementos presentes na obra do pesquisador e da pesquisadora, há que se ressaltar que, a partir dele e dela, se vê a temática dos saberes docentes — seja na perspectiva de seu reconhecimento, seja de estudo sobre ela — ganhando cada vez mais espaço entre os estratos acadêmicos no Brasil. Por outro lado, não se vislumbra ainda, diante de suas considerações, uma sustentação dos saberes docentes que não esteja regulada, sobretudo, pelo olhar que a academia tem sobre eles. E é a partir de sua elaboração conceitual que se busca definir o campo epistemológico da prática docente. Isso pode ser observado tanto em Tardif (2000) quanto em Pimenta (2014), quando ambos apresentam, cada um a seu modo, um percurso investigativo para acessar os saberes docentes e consubstanciar o campo. Algo semelhante se nota no trabalho de Carvalho e Therrien

(2009). Segundo os autores, a epistemologia da prática pode ser tomada sob três vieses: como campo de estudos; como campo de pesquisa; e como manifestação dos saberes docentes. Como campo de estudos, os autores se utilizam de Tardif (2002)[54] para reafirmar que a epistemologia da prática tem por "objeto" os saberes docentes, cuja finalidade é "revelar esses saberes", buscando compreender sua natureza, sua integração concreta nas tarefas profissionais e sua incorporação nas atividades docentes. "Como campo de pesquisa, a epistemologia da prática pode evidenciar, por exemplo, o paradigma epistemológico no qual os professores fundam seu trabalho e, por extensão, a racionalidade pedagógica de suas ações educativas" (CARVALHO; THERRIEN, 2009, p. 3).

Como manifestação dos saberes docentes, Carvalho e Therrien (2009), a partir de Schön (2000), definem a epistemologia da prática docente como expressão direta dos saberes e sentidos produzidos pela prática. Isso acontece, ainda segundo os autores, porque a reflexão sobre os problemas cotidianos que surgem no exercício das/os profissionais produz uma base epistemológica a partir da qual ocorre uma (re)significação e uma construção contínua dos saberes em ação. Dito de outra maneira, a/o profissional é um sujeito epistêmico que estabelece "uma conversação reflexiva de um investigador com sua situação" (SCHÖN, 2000, p. 69 *apud* CARVALHO; THERRIEN, 2009, p. 3). Para compreender esta epistemologia defendem sua leitura a partir da ergonomia do trabalho e da etnometodologia, as quais descrevem como duas áreas que fornecem a necessária visão holística para se estudar a complexa racionalidade pedagógica do/a professor/a, considerando o curso de sua ação. Segundo os pesquisadores, elas colaboram com a elucidação da epistemologia da prática docente que "está sedimentada nas situações reais de sua prática, ao tipo de aluno que ele [o professor] tem, às condições, aos recursos institucionais e às concepções geradas pelo seu trabalho" (CARVALHO; THERRIEN, 2009, p. 7).

Da ergonomia do trabalho, os autores extraem a ideia de descrição e explicação da atividade humana, que se desenrola no contexto concreto de ação. Consideram que seu interesse está no desenvolvimento de estudos que se debruçam sobre o sujeito, a atividade e o contexto, como partes de um todo capaz de gerar entendimento sobre o conhecimento que está sendo

---

[54] A referência que os autores usam de Tardif (2002) possui o mesmo texto que a utilizada neste trabalho com a data de 2000. A diferença entre ambas reside em sua fonte de consulta e no título que carregam. A deste livro é uma revista em que o artigo foi publicado; a de Carvalho e Therrien (2009) é um livro que contém uma coletânea de artigos de Maurice Tardif.

produzido nele. Da etnometodologia, trazem a contribuição dos estudos das práticas sociais derivados dessa abordagem, os quais intentam compreender como os membros de determinado grupo significam suas práticas em um contexto específico. Eles exemplificam o uso da etnometodologia aplicada ao campo da educação, fundamentados em um estudo realizado com docentes formadoras/es de professoras/es. Segundo tal estudo, essas/es docentes são atores de uma prática social específica, mediante a qual realizam suas escolhas e desenvolvem seu trabalho, com o intuito de fazê-lo de modo coerente e significativo. Com suas ações e interações, constroem uma forma de racionalidade que é mais ou menos padronizada e, portanto, passível de investigação e compreensão como prática social. Daí a aplicação da etnometodologia como abordagem de estudo para compreensão dos saberes docentes, pois ela permite "adentrar na complexidade da epistemologia da prática docente" (CARVALHO; THERRIEN, 2009, p. 10). Fazendo uso, portanto, da ergonomia e da etnometodologia, Carvalho e Therrien (2009) buscam um caminho de compreensão dos saberes docentes. Assim, evidencia-se neles também uma preocupação a respeito de como se processa, acontece, se constroem os saberes docentes, algo notório em Tardif (2000) e Pimenta (2014), que remete aos estudos-síntese realizados por Shulman (1986) e Martin (1992), discutidos no tópico anterior. Quando isso acontece, vai se criando uma atmosfera em que, embora se reconheça que os saberes docentes sejam das/os professoras/es, se busca sua validação pela circunscrição na academia, a partir dos percursos que desenvolve para dar sentido a eles. Além disso, ao se discutir a epistemologia da prática no âmbito da educação, parece que somente o conhecimento advindo da docência é um conhecimento da prática, e não um aspecto atrelado à forma de conhecer e de produzir conhecimento, como aquelas vinculadas às/aos cientistas e às/aos acadêmicas/os de um modo geral. Frente a isso, vale lembrar a própria colocação de Pimenta (2014) a respeito do fato de que teoria e prática se misturam no campo da subjetividade do sujeito; a do próprio Tardif (2000), quando lembra as discussões que permitiram o esfacelamento da epistemologia moderna; além da de Carvalho e Therrien (2009), ao afirmarem que a/o profissional da educação é um sujeito epistêmico que realiza um diálogo reflexivo com sua situação.

Diante desse cenário, é importante que se atente para o fato de que a produção de conhecimento que acontece entre os/as professores/as (ou com os/as professores/as na escola) pode ter seu entendimento alargado para além do sentido de uma produção *da prática* e que se volta para ela, dizendo respeito, predominantemente, ao conhecimento sobre as tarefas que desempenham, sobre sua situação de trabalho ou, ainda, sobre o enfrentamento de momentos adversos de ensino, mas como uma produção que, como a de outras áreas, apresenta uma contribuição efetiva ao campo acadêmico-científico da educação, especialmente à subárea que se volta aos processos de ensino e aprendizagem.

Nos trabalhos de Senna (2003), Elliott (1993, 1998) e Hernández e Ventura (2009), encontram-se os registros que permitem perceber uma produção de conhecimento que se desenvolve entre as/os professoras/es a partir da escola, com o objetivo de alcançar as/os estudantes em seu processo de aprendizagem, visando à sua formação tanto para a continuidade da carreira escolar quanto para a vida social. Essa produção de conhecimento, está-se aqui denominando epistemologia da educação escolar. Se a epistemologia da prática busca compreender os saberes docentes, a epistemologia da educação escolar anuncia uma produção de conhecimento permanente na escola em função dos sujeitos sociais plurais, as pessoas, que fazem parte dela.

## 3.3 Por onde andou a epistemologia da educação escolar?

Indicativos da existência de uma epistemologia da educação escolar podem ser percebidos desde há muito na área educacional, levando-se em conta que as/os professoras/es vão ao encontro das pessoas na condição de alunas/os (SENNA, 2014), buscando assegurar-lhes a aprendizagem nos espaços escolares e sua formação humana. Isso pode ser observado em diferentes trabalhos e pela vivência no magistério e na pesquisa, pois não se desenvolve prática pedagógica sem que se construa, concomitantemente, uma epistemologia nela e para ela.

Na tentativa de elucidar como a epistemologia da educação escolar tem se feito presente, toma-se os registros realizados nas obras de Senna (2003), Elliott (1998) e Hernández e Ventura (2009). Por meio de suas descrições e reflexões, encontram-se elementos que consubstanciam essa epistemologia.

Com Senna (2003), traz-se o apontamento feito por parte de professoras/es no Brasil, especificamente no Rio de Janeiro, sobre certo descompasso entre uma produção de conhecimento que se voltava para temas plenos de sentido nas redes acadêmicas nas quais se construíam, mas que careciam de sustentação frente aos contextos educativos nos quais se exercia a docência. Esse apontamento sugere, de um lado, uma produção de conhecimento na escola e, de outro, a necessidade de se assumir como parte dela, se o interesse for construir entendimentos coerentes com os sujeitos e contextos nos quais ela existe.

Dialogando com Elliott (1998, 1993), intenta-se apresentar uma situação que ocorreu nas escolas secundárias inglesas e originou uma reforma curricular de grande monta em todo o sistema de ensino daquele país. Os meandros dessa reforma revelam um intenso processo de produção de conhecimento no âmbito escolar e entre seus professores e suas professoras, aos quais se juntaram, posteriormente, especialistas universitários.

Hernández e Ventura (2009), por sua vez, indicam, fundamentados no que chamam de desenvolvimento de uma "pedagogia de projetos", em uma escola de Barcelona, situação semelhante à descrita por Elliott (1998). No trabalho do autor e da autora, observa-se como a chegada a essa pedagogia é fruto de um processo de produção de conhecimento que parte do contexto escolar.

Em comum aos três registros, percebe-se a necessidade de se promover um processo de ensino-aprendizagem que alcance as alunas e os alunos e a proposição de explicações que possam abarcá-las/os em consonância com uma proposta de ensino que considere o direito de aprender, de ser respeitada/o em sua condição de pessoa, e que agregue os valores de uma formação para a vida social. Começando pelo Brasil, trazendo um exemplo da Espanha e finalizando com a situação da Inglaterra, nos anos de 1960, caminha-se na discussão e no aprofundamento da epistemologia da educação escolar[55].

No Brasil, a partir dos anos de 1990, começou-se a perceber o desenvolvimento de uma visão que problematizava a noção de fracasso escolar, sob a égide da qual a escola vivera durante muito tempo, reprovando e banindo seus alunos e suas alunas em uma proporção enorme em relação ao quantitativo que recebia (RIBEIRO, 1991). Diante disso, o questionamento sobre o que o espaço acadêmico-científico vinha produzindo e veiculando em termos de conhecimento na educação, sobretudo aqueles que se propunham a consubstanciar a prática educativa e apresentar alguma expli-

---

[55] Os trabalhos de Senna (2003) e Elliott (1998) foram utilizados em outra oportunidade (FAGUNDES, 2016), em uma discussão sobre os conceitos de professores/as pesquisadores/as e professores/as reflexivos/as. No referido trabalho, teve-se como intenção construir uma argumentação que pudesse mostrar que, entre elas, existe uma diferença substantiva, visto que a ideia de professor/a pesquisador/a carrega em sua própria constituição uma produção de conhecimento que se relaciona à escola e aos seus sujeitos. Ambos os autores são retomados neste livro com o objetivo específico de tentar mostrar os elementos dessa produção de conhecimento que, agora se entende, compõem uma epistemologia da educação escolar.

cação a respeito dos modos pelos quais as/os estudantes aprendiam, foi se tornando cada vez mais incisivo por parte das/os professoras/es. Estas/es, frente à opção de assumirem, ou que as/os alunas/os tinham dificuldades de aprendizagem, ou que o que estava sendo produzido a respeito delas/es não estava encontrando respaldo entre os conhecimentos que se forjavam no exercício do magistério e encaminhavam a outra leitura, assumiram a segunda opção (SENNA, 2003).

Assim, foi se tornado possível à academia, a partir da chegada das/os docentes que já exerciam sua função antes de buscarem a formação no ensino superior, repensar-se. Tal chegada talvez tenha sido acelerada pelo dispositivo da Lei de Diretrizes e Bases da Educação Nacional — LBDEN (BRASIL, 1996), que previa essa formação no decênio posterior à sua promulgação. No Rio de Janeiro, uma das instituições que recebeu as/os professoras/es foi a Faculdade de Educação da Universidade do Estado do Rio de Janeiro (EDU/Uerj), no Curso de Preparação para o Magistério (CPM), que existiu entre os anos de 1992 e 2002, em parceria com a Secretaria Municipal de Educação (SME-Rio). Mediante entrada delas/es nas universidades, Senna (2003, p. 103) considera que houve "uma pequena revolução na cultura científica".

O autor sustenta que as/os professoras/es, ao passarem a frequentar os espaços acadêmicos, experimentadas/os no cotidiano da educação básica, precursoras/es na busca e implementação de alternativas e construções teórico-práticas que dessem algum sentido ao desenvolvimento de um trabalho que fosse ao encontro das/os estudantes, começaram a contestar os conhecimentos que estavam sendo veiculados em suas formações. E, "perante alguém que sabia discernir verdades de meras convicções" (SENNA, 2003, p. 104), a academia teve a possibilidade de se repensar e se afastar de uma lógica epistemológica distanciada da escola e, em seu lugar, engendrar um entendimento outro a respeito dos aspectos que tocam os processos de ensino e aprendizagem.

Conforme Senna (2003), o caráter revolucionário dessa situação consistiu na assunção de um princípio fundamental a partir daquele momento, qual seja, a necessidade de se praticar ciência para a educação estando implicado nela, com as/os professoras/es, a escola e as/os alunas/os. E, para isso, é preciso estar na escola como um de seus sujeitos, pois não existe possibilidade de:

> [...] construir verdades e subsistir na educação sem vestir-se
> para ela: É impossível praticar ciência sem estar em perfeita

> relação de intercâmbio com a escola, seus professores e seus
> alunos. E, para se estar em perfeita relação de intercâmbio,
> é preciso estar na própria escola, como um de seus sujeitos,
> de igual para igual (SENNA, 2003, p. 104).

No trabalho do pesquisador, é possível perceber os indícios, por meio do que ele afirma ter sido trazido pelas/os professoras/es, de uma produção de conhecimento que parte da escola e que chega à academia com uma capacidade para fomentar outra epistemologia, fato que ocorreu entre parte dos setores acadêmicos (SENNA, 2003, p. 107)

Na mesma direção do que se pode perceber em Senna (2003), tem-se o trabalho de Hernández e Ventura (2009) e, em seguida, o de Elliott (1998). Embora as circunstâncias destacadas pelos autores sejam diferentes, também revelam em seu fulcro a dimensão epistemológica que se tem no primeiro autor, além de uma descrição e um detalhamento que mostra o engendramento da produção de conhecimento no espaço físico escolar.

Hernández e Ventura (2009) trazem o relato de eventos ocorridos em uma instituição educativa de Barcelona, a Pompeu Fabra, onde ressaltam a preocupação das/os professoras/es com os processos de ensino e aprendizagem que envolviam, de igual modo, aspectos de formação para a vida social. Na referida instituição, as/os docentes se deram conta de que a maneira como vinham trabalhando, isto é, a partir de uma organização por Centros de Interesse, não estava, efetivamente, contribuindo para a aprendizagem das/os alunas/os. Naquela circunstância, o que parecia estar acontecendo era a continuidade de um ensino tradicional, mas com uma roupagem outra. Isso porque, embora o fundamento dos Centros de Interesse estivesse pautado nos princípios de uma "escola ativa", segundo os quais o "interesse natural" da criança deve orientar as atividades no ambiente escolar, a forma como tais Centros ocorriam remetia a uma aula magistral, com a única diferença de que, em vez de seguir uma lição, se fazia um tema de escolha das/os estudantes.

A percepção desse acontecimento suscitou entre as/os docentes sérias dúvidas quanto à realização do próprio trabalho. Frente à constatação feita por elas/es[56] de que a proposta desenvolvida não estava fomentando a aprendizagem das/os alunas/os conforme o esperado, passaram a buscar respostas e opções diferenciadas, a fim de entenderem

---

[56] O questionamento das/os docentes parte, em princípio, das/os professoras/es que lecionavam nas quintas e sextas séries do ensino fundamental (HERNÁNDEZ; VENTURA, 2009, p. 24).

os fatores geradores do cenário em questão, com vistas a modificá-lo. O escopo das/os professoras/es era conseguirem estabelecer o sentido de uma ação pedagógica que permitisse às/aos estudantes aprenderem, relacionando diferentes saberes, em vez de sustentarem uma aprendizagem por acumulação, levando em conta também a necessidade de se realizar a articulação da aprendizagem individual com os conteúdos escolares. Para isso, buscaram realizar um aprofundamento de suas compreensões a respeito dos modos de aprendizagem das/os alunas/os, com o objetivo de pensarem em práticas que viessem a promovê-las (HERNÁNDEZ; VENTURA, 2009, p. 20-21). Com essa finalidade, lançaram-se em atividades formativas, tais como seminários e cursos, e em visitas a escolas nas quais as/os docentes estavam elaborando perguntas semelhantes, na tentativa de obterem respostas que pudessem fazer avançar suas reflexões iniciais a respeito do trabalho docente.

As iniciativas das/os professoras/es, no entanto, não foram suficientes para satisfazê-las/os em relação às suas demandas. Perceberam, então, a importância de encontrarem uma modalidade de desenvolvimento profissional que suprisse suas expectativas, já que "a demanda do professorado não podia ser abordada e resolvida a partir de um curso habitual de formação permanente" (HERNÁNDEZ; VENTURA, 2009, p. 22).

No que se refere às visitas a outras unidades educativas, o autor e a autora salientam que "o nível de resposta que se oferecia era o intercâmbio de experiências com docentes de outras escolas, que não era suficiente para satisfazer as necessidades desses docentes" (HERNÁNDEZ; VENTURA, 2009, p. 21). Em vista disso, consideraram como uma via alternativa a possibilidade de contarem com o assessoramento do Instituto de Ciências da Educação (ICE)[57] da Universidade de Barcelona, por meio de um assessor que estaria na escola em função da mesma empreitada.

O assessor se inseriu naquele contexto educativo para buscar soluções e construções teóricas que pudessem responder às perguntas que, veementemente, as/os docentes estavam fazendo. A partir disso, acompanhou-se o que Hernández e Ventura (2009) consideram uma verdadeira renovação pedagógica, que tem como um dos aspectos fundamentais a discussão e

---

[57] O ICE é, na Espanha, semelhante às Faculdades de Educação no Brasil e tem como objetivo promover a formação cultural e intelectual de profissionais que se dedicarão às tarefas educativas. Mais informações podem ser obtidas no site: http://www.ub.edu/web/ub/es/recerca_innovacio/recerca_a_la_UB/ instituts/instituts/ice. html. Acesso em:13 abr. 2022.

definição de alguma concepção de aprendizagem que fosse capaz de (re) orientar a prática docente.

Na perspectiva do assessor, era importante levar às/aos professoras/es certo referencial teórico que pudesse ser confrontado com a prática que elas/es estavam desenvolvendo, a fim de que se tornasse possível relacioná-la a uma teoria previamente elaborada, pois, segundo considerações suas, alguma teoria sustentava o fazer docente e era importante identificá-la.

A aprendizagem por descoberta e os estágios de desenvolvimento descritos por Piaget[58] foram os primeiros apontamentos feitos pelas/os docentes em relação às teorias que, de algum modo, acreditavam embasar seus pressupostos em relação à aprendizagem da criança[59].

Todavia, ao analisarem com mais acuidade tanto a teoria piagetiana quanto os princípios da aprendizagem por descoberta, chegaram a conclusões que as/os afastaram delas, porque ambas se distanciavam daquilo que pensavam ser fundamental desenvolver com as/os estudantes.

No caso da aprendizagem por descoberta, as/os professoras/es consideraram que nem todos os elementos do ensino podiam ser arrolados seguindo seus princípios e cogitaram o risco de que as/os alunas/os, com a adoção dessa perspectiva, pudessem, de maneira equivocada, reivindicar para si, de modo estritamente individual, o conhecimento de temas que fazem parte do patrimônio de saberes compartilhados pela humanidade. No que se refere à epistemologia genética (PIAGET, 1987), consideraram também que os estágios piagetianos eram demasiadamente rígidos para servirem de parâmetro de avaliação e classificação do momento de desenvolvimento de cada aluna/o. A noção de maturidade apresentava-se, para elas/es, de maneira restritiva, enfatizando o que a/o estudante não tinha, em vez de destacar o que já tinha como ponto de partida para que se pudesse fomentar novas aprendizagens.

Diante desse panorama, alguns consensos se estabeleceram entre os atores envolvidos naquele contexto, que podem ser resumidos da seguinte forma: a aprendizagem por descoberta seria substituída por uma ideia de

---

[58] Hernández e Ventura (2009) não identificam a obra de Piaget à qual fazem referência, mas, pela discussão que realizam, se observa que se trata daquela que discute o nascimento da inteligência na criança (PIAGET, 1987).

[59] A aprendizagem por descoberta fundamenta-se na consideração de que a/o aluna/o precisa buscar por si, em suas experiências imediatas, de maneira indutiva, por meio de atividades previamente elaboradas, respostas às suas necessidades, bem como as informações necessárias para complementá-las. Os estágios de desenvolvimento piagetianos, por sua vez, debruçam-se sobre o desenvolvimento da lógica e da inteligência, enfatizando o estabelecimento da maturidade como ponto importante para que se possa avançar em relação à aprendizagem.

aprendizagem significativa calcada na teoria de Ausubel (1976)[60]; a aplicação dos estágios de desenvolvimento descritos por Piaget cederia lugar à ideia de que eles até poderiam funcionar como referência, mas não como limite para a aprendizagem; a generalização da aprendizagem, segundo a qual todas/os as/os alunas/os aprendem da mesma maneira, finalmente, daria espaço a um sentido de diversidade e de aprendizagem pessoal (HERNÁNDEZ; VENTURA, 2009, p. 27). Uma vez construídas essas definições, iniciou-se a elaboração da proposta pedagógica da escola, no âmbito da qual estavam previstas reformulações frente às demandas que pudessem surgir.

Uma dessas necessidades não tardou em aparecer e forçou a revisão dos pressupostos conceituais que tinham se definido anteriormente. A aposta na ideia de aprendizagem significativa passou a sofrer alguns questionamentos, os quais foram despertados, sobretudo, pela necessidade de explicar, de maneira clara e coerente, a relação entre as atividades que eram propostas, os procedimentos estabelecidos e os resultados que seriam obtidos pelas/os alunas/os. Esse modelo de aprendizagem dava ênfase, ao contrário da aprendizagem por descoberta, ao caráter verbal que devia fazer parte das situações de ensino. Tal fato poderia fomentar, em casos extremos, segundo reflexão das/os professoras/es, a defesa de um modelo de aula magistral, em que as/os docentes discursam e as/os alunas/os escutam e aprendem com tal discurso. Ele também não solucionava algumas questões tomadas como básicas em relação à aprendizagem: o indivíduo, ao aprender significativamente, se adapta à realidade ou, ao contrário, ao aprender, realiza uma conversão desta para seus esquemas de referência e suas necessidades? A teoria de Ausubel (1976), principal fonte utilizada em relação à aprendizagem significativa, não explicava amplamente como os processos internos do aprender se realizavam na/o aluna/o, embora permitisse articular muitas situações facilitadoras da aprendizagem.

As/os professoras/es questionaram, ainda, a função de teorias psicopedagógicas, como a de Ausubel, em relação às atividades de aprendizagem. Para elas/es, tais teorias poderiam servir de elemento de reflexão sobre a prática, mas não poderiam ser transferidas de maneira direta para ela, visto

---

[60] Segundo tal teoria, os conhecimentos prévios que os/as alunos/as trazem precisam ser considerados nas situações de aprendizagem. Com base nestes conhecimentos, constituídos nas estruturas mentais de cada um/a deles/as, podem ser elaborados mapas conceituais para auxiliá-los/as na construção de novos conhecimentos. Por meio dos mapas, pode-se descobrir como os conhecimentos foram se construindo e aplicar sua estrutura para que outras aprendizagens venham a ocorrer (HERNÁNDEZ; VENTURA, 2009).

que a experiência de sala de aula define-se em sua singularidade, não cabendo no caráter geral que a teoria que estava sendo veiculada queria sustentar.

Seguindo o caminho descrito até aqui e dando continuidade a ele, as/os docentes permaneceram formulando com o assessor suas questões e apresentando suas construções para elas — "teorizando sobre elas" —, as quais culminaram, por exemplo, na discussão sobre a função do tempo na escola e o que representava; sobre os diferentes ritmos de aprendizagem; sobre a educação para a diversidade e assim por diante.

> E teorizar não quer dizer outra coisa que dotar ao que se viveu na sala de aula, no trabalho em grupo, dos significados que adquire, para cada um, a própria experiência. Não é a visão de quem a recolhe e a escreve a que domina e se apresenta, e sim o resultado de contrastar com o professorado o valor, a sequência interna, a explicação da tomada de decisões nas quais se fundamentou a prática (HERNÁNDEZ; VENTURA, 2009, p. 15).

Eram os anos de 1983 e 1984 quando as/os professoras/es da Escola Pompeu Fabra buscavam uma mudança na prática pedagógica, motivada pela necessidade que se apresentava a elas/es. Havia uma preocupação em relação à construção de um processo de ensino-aprendizagem que pudesse ser relevante e, para isso, houve uma série de iniciativas, desde a busca por formações continuadas em palestras, passando por visitas a outras escolas, até chegarem à solicitação de uma assessoria pedagógica oriunda do Instituto de Ciências da Educação (ICE). A assessoria do ICE funcionou como alternativa, de maneira que seu assessor participou, com a escola e com o grupo de professoras/es, da formulação de respostas aos questionamentos que se faziam nela, produzindo, assim, conhecimento. Sua primeira iniciativa foi apresentar às/aos docentes teorias diferentes daquelas que, segundo ele, estavam embasando as práticas professorais e não estavam galgando o êxito esperado.

No primeiro momento, foi possível observar, no registro feito por Hernández e Ventura (2009), as/os professoras/es refazendo alguns de seus pressupostos relativos à aprendizagem. Ao voltarem aos contextos efetivos de realização do seu trabalho, em que seus questionamentos continuavam a se confrontar com as teorias elencadas para explicarem a situação de aprendizagem no contexto escolar e, em relação às/aos estudantes, retornavam com outros questionamentos, com base nos quais iam sendo tecidos novos conhecimentos.

Para além do registro dos acontecimentos em uma escola que culminaria na realização de outra proposta pedagógica, o que se percebe e se tentou chamar atenção com Hernández e Ventura (2009) é um caminho no processo de produção de conhecimento que mostra, primeiro, o levantamento de perguntas a partir da escola; segundo, o questionamento frente às teorias que tentam explicar, de modo generalizante e definitivo, a aprendizagem; e, terceiro, a construção de um conhecimento novo, que passa por esses questionamentos e se revela constituída entre os atores escolares, conjuntamente, entre os quais o próprio assessor do ICE.

Em Elliott (1998), em quem Hernández e Ventura (2009, p. 11) reconhecem semelhanças com o que viram acontecer na Pompeu Fabra, tem-se o último fato tomado nesta seção, para mostrar a produção de conhecimento que se faz na escola e, a partir dela, chega a outros espaços. Sua amplitude e divulgação lhe dariam maior visibilidade em relação às outras duas situações descritas e se tornariam o pontapé para o desenvolvimento de conceitos caros à educação, sobretudo aos profissionais que se encontram na escola básica, como o de professor/a pesquisador/a e o de pesquisa-ação educacional (ANDRÉ, 2005; GERALDI; FIORENTINI; PEREIRA, 1998; PIMENTA; GHEDIN, 2010).

Na década de 1960, as/os professoras/es das escolas secundárias inglesas começaram a questionar o fato de que determinados alunos e alunas, vindos das escolas primárias, não conseguiam alcançar as notas necessárias nos exames seletivos para poderem frequentar aquelas que eram consideradas as melhores escolas secundárias do país, o que, via de regra, lhes asseguraria um bom desempenho no exame para obtenção do *General Certification of Education*. Por isso, passavam a frequentar as *Secondary Modern Schools*, onde, conforme Pereira (1998, p. 155), era oferecido um currículo menos denso e que, de um modo geral, não as/os preparava para que galgassem níveis mais avançados no sistema de ensino.

Nesse contexto, as/os docentes entenderam a necessidade de propor e implementar uma mudança pedagógica que fosse ao encontro das/os alunas/os que frequentavam as escolas secundárias regulares, buscando garantir-lhes uma formação geral básica, valorosa e significativa. De acordo com Elliott (1998, p. 137), isso levaria à proposição de uma reforma curricular, de maneira que esta pudesse "reconstruir as condições sobre as quais todos os alunos, particularmente aqueles considerados médios e abaixo da média no tocante às habilidades acadêmicas, obtivessem acesso a uma significativa e valorosa educação geral básica". Com esse escopo, foi pensada uma nova organização curricular, que passou a se pautar em temas relativos ao cotidiano das/os alunas/os — família, sociedade, relação entre os sexos, mundo do trabalho, pobreza etc. —, a fim de fomentar seus interesses e assegurar a pertinência desses temas à sua formação, sem desconsiderar o desenrolar de suas vidas diárias.

O currículo proposto, baseado nessa orientação, tinha como premissa a flexibilização. Assim, em vez de um currículo único direcionado a toda prática pedagógica, deveria ser levada em conta a ideia de currículos experimentados na prática cotidiana, e se fosse constatado que não estavam alcançando os objetivos traçados, passariam por alterações e adequações. Troca-se, portanto, a perspectiva de uma formulação curricular ampla e precisa apresentada à escola, por outra, segundo a qual as propostas passam a ser formuladas e encaradas pelas/os professoras/es como categorias de hipóteses a serem experimentadas na prática e que, uma vez confirmadas, gerariam teorias a respeito do currículo.

Eis aí o registro de uma produção de conhecimento que viria a transformar não só a perspectiva curricular nas escolas secundárias inglesas e a educação que nelas acontecia, como também o pensamento dos/as pesquisadores/as que posteriormente se vincularam a ela. Conforme Elliott (1993, p. 18 *apud* PEREIRA, 1998, p. 157): "do ponto de vista da minha história profissional, descobri a atividade de elaboração da teoria curricular entre os professores da escola".

> Organizamos as teorias da aprendizagem, ensino e avaliação em assembleias e reuniões de professores, a partir do nosso desejo de alcançar um determinado conjunto de circunstâncias, e não de nossa formação profissional em universidades e centros superiores de educação (ELLIOTT, 1993, p. 18).

Tempos depois desses eventos que estavam ocorrendo nas instituições de educação, as quais passaram a ser conhecidas como "inovadoras", a universidade, de acordo com o que registra Pereira (1998), procurou inserir-se em seus contextos, a fim de colaborar com as mudanças em curso. Levou-se, pelo menos, cinco anos até que isso acontecesse, e um dos mais proeminentes pesquisadores que participou desse processo foi Lawrence Stenhouse, o qual deu aos acontecimentos dessas escolas "sua mais articulada expressão no projeto *School Concils Humanities Project*" (ELLIOTT, 1998, p.

137), contribuindo para sustentar o papel primordial do/a professor/a na constituição da teoria e "baseado nessa concepção, tirou sua ideia 'agora famosa de professor como pesquisador'" (ELLIOTT, 1983, p. 111 *apud* PEREIRA, 1998, p. 159).

Sobre a inserção da universidade nas escolas, Elliott (1998, p. 138) chama atenção para o fato de que muitos projetos, além daquele trazido por Stenhouse, chegaram a elas buscando envolver as/os docentes, que foram encorajados a colaborar com eles. A relação entre as/os professoras/es e os pesquisadores universitários, aos quais o autor nomeia como *especialistas*, dava-se com esses especialistas mostrando-se abertos em relação às visões dos/as profissionais acerca de como suas propostas poderiam ser avaliadas e desenvolvidas. A motivação para isso, no entanto, estava pautada na tentativa de "legitimar intervenções externas no local de trabalho do professor, a sala de aula e a escola" (ELLIOTT, 1998, p. 138), espaço considerado por ele como de domínio profissional docente e no âmbito do qual são livres para operar como agentes autônomos[61]. Tal motivação pode ser considerada uma amostra de certa falta de entendimento, naquelas circunstâncias, do que estava acontecendo nas escolas, o que deixa evidente que a proposta de projeto para o ambiente escolar parecia carregar por trás de si, ainda, certa ideia de que havia necessidade de intervenção que pudesse corrigir alguma falha no que estava sendo ali construído, remetendo-nos a uma perspectiva cientificista em relação ao papel dos projetos em educação.

Elliott (1998), em prosseguimento ao desenvolvimento de seu raciocínio, sublinha que era na escola, com as/os professoras/es, que estava se dando uma produção de conhecimento que não alcançou o devido reconhecimento no âmbito acadêmico. Foi nela e a partir dela, por exemplo, que a pesquisa-ação educacional teve início, e, buscando expandir essa informação, o autor procura, em seu livro *El cambio educativo desde la investigación-acción* (ELLIOTT, 1993, p. 15), refutar a "crença popular" de que ela tenha partido dos projetos de professores universitários:

> Basándome en mi experiencia como profesor en la década de los sesenta, sostengo que la investigación-acción surgió como un aspecto de las reformas curriculares basadas en la escuela de las *secondary modern schools*. De este modo,

---

[61] Cruz (2007, p. 197), em um artigo que discute a posição que o/a professor/a deve assumir nos processos que desencadeiam as reformas curriculares, chama atenção para o fato de que a prática docente, no contexto de sala de aula, não pode ser marcada por prescrições curriculares desenvolvidas por outrem, justamente porque os aspectos que são inerentes ao ofício do/a professor/a inviabilizam qualquer tentativa de redução de sua ação.

> pretendo refutar la creencia popular de que los docentes del sector de la enseñanza superior iniciaran el movimiento de los profesores como investigadores[62].

Embora Elliott (1998) direcione duras críticas aos interesses dos especialistas, em contrapartida, defende que a colaboração e a negociação entre eles e as/os professoras/es, bem como os resultados delas advindos, colocaram-se como uma alternativa epistemológica para o desenvolvimento da teoria curricular.

> Essa alternativa considera que a elaboração teórica e a prática curricular se desenvolvem interativamente no contexto escolar. O lugar de trabalho dos professores configura-se, deste modo, no contexto de *aprendizagem para ambos*, especialistas e práticos (ELLIOTT, 1998, p. 138, grifos do autor).

Essas considerações de Elliott (1993, 1998) parecem suficientes para expressar um processo de produção de conhecimento que se faz no contexto escolar. No caso em tela, uma produção que se expandiu consideravelmente, a ponto de provocar uma mudança no sistema de ensino ao qual estava atrelada e chegar ao âmbito universitário, de modo a levar para ela conceitos gestados no seio das escolas. Todavia, o reconhecimento a respeito desse processo, como enfatiza Elliott (1998), não ocorreu, e o que chegou até nós, encampando, inclusive, a produção de conhecimento das/os professoras/es daqui (SENNA, 2003, p. 103), foi o conceito de professor pesquisador atribuído a Stenhouse, (co)fundindo-se com os conceitos de professor reflexivo, pesquisa-ação etc. (FAGUNDES, 2016), também atribuído a outros profissionais do cenário acadêmico. Não passa despercebido, entretanto, a colocação de Elliott (1998) a respeito da construção do que ele chamou de "alternativa epistemológica" e que, no contexto escolar, se revelou profícua no processo de interação entre "especialistas" e "práticos", concluindo que tal contexto se configura como "espaço de aprendizagem para ambos".

A essa afirmativa, entrelaça-se o que se viu também em Senna (2003) e Hernández e Ventura (2009): uma aproximação da academia com a escola, de modo a, reconhecendo sua produção de conhecimento e respeitando-a, fazer parte dela.

---

[62] "Com base na minha experiência como professor na década de sessenta, sustento que a pesquisa-ação surgiu como um dos aspectos das reformas curriculares iniciadas nas *Secondary Modern Schools*. Deste modo, pretendo refutar a crença popular de que os docentes do ensino superior iniciaram o movimento dos professores como pesquisadores" (tradução livre).

Por outro lado, diante dos indícios (GINZBURG, 1989) relativos à produção de conhecimento escolar observada nas obras destacadas, mais que fazer parte da escola, a fim de articular com ela a produção de conhecimento, é imperativo, na atualidade, garantir a participação e publicização da produção de conhecimento engendrada no âmbito escolar por professoras/es, alunas/os e demais profissionais, permitindo que tenham a primazia de expressar essa produção sem que, para isso, seja indispensável o estabelecimento de vínculos com setores universitários. Nesse sentido, defende-se aqui, de um lado, a ampliação de espaços (livros, congressos, revistas) para que a epistemologia da educação escolar apareça e, de outro, se e quando tais vínculos se derem, eles sejam celebrados considerando que professoras/es da educação básica e professoras/es universitárias/os são partícipes do engendramento do processo de produção de conhecimento no contexto e com os sujeitos com os quais interagem, assim como disse Elliott (1998), mas agora utilizando outros termos: em vez de "especialistas" e "práticos", professoras/es-pesquisadoras/es, de um modo geral.

## 3.4 Para uma epistemologia da educação escolar

As/os professoras/es na escola, com outros atores da educação que são parte dela, em função da aprendizagem e formação das alunas e dos alunos, têm produzido conhecimentos. Tal produção é entendida nesta obra como inerente a uma epistemologia da educação escolar. Algumas delas apareceram e continuam aparecendo em veículos especializados na área educacional como "relatos de experiência"; outras alcançaram maior expressão, porque contaram com a visibilidade proporcionada pela ligação com profissionais do contexto universitário, como é o caso da pedagogia de projetos apresentada por Hernández e Ventura (2009) e a teoria curricular registrada por Elliott (1998); outras tantas, ainda, continuam sendo engendradas, e é fundamental que se dê atenção a elas, porque são geradoras de sentidos importantes para a escola e, portanto, para o âmbito acadêmico da educação.

Se, por exemplo, fosse dada atenção ao fato de que as/os professoras/es construíram o entendimento de que determinadas/os alunas/os precisavam de um tempo diferente no processo de alfabetização e buscaram maneiras diversas de lidar com essa situação, talvez o famigerado Ciclo de Alfabetização tivesse se desenvolvido com uma configuração mais acertada do que a que acompanhamos ao longo dos anos. Muitas/os docentes, ao menos no Brasil, ao perceberem a necessidade de ampliação do tempo de algumas crianças para que compreendessem o sistema de representação da escrita, começaram a adotar como prática levá-las para outra série, ainda que essas não tivessem alcançado o objetivo da classe anterior. Isso, no entanto, passava pela organização dos/as profissionais da escola.

Macaé Evaristo, em livro sobre sua vida e obra, no artigo "A afirmação de meus lugares plurais – mulher, negra, mãe, professora, militante e intelectual" (EVARISTO, 2020), relata que, no início dos anos de 1990, quando começou a trabalhar em uma escola localizada no Aglomerado da Serra, em Belo Horizonte, encontrou no espaço uma característica peculiar: a instituição que atendia aos anos iniciais do ensino fundamental (no período em tela 1ª a 4ª série) recebia estudantes entre 7 e 16 anos com distintas trajetórias, muitos dos quais tiveram sua caminhada escolar interrompida, ou nem chegaram a iniciá-la. Tratava-se de crianças e adolescentes muito pobres, negros, em sua maioria, e em condição de vulnerabilidade familiar. Ao chegar à Serra, a autora afirma que se integrou a um projeto que estava sendo iniciado com uma perspectiva de mudar a escola por dentro, "buscando criar uma pedagogia e uma escola que dessem conta daqueles meninos" (EVARISTO, 2022, p. 74), o que, necessariamente, precisaria ser também encaminhado por um processo de alfabetização inclusivo. Além disso, diz a autora que o grupo de professoras/es começou a estudar, com o objetivo de realizar um projeto diferente. De acordo com Evaristo (2022, p. 74): "Éramos uma escola 'aprendente'".

Nesse escopo, a proposta pedagógica tinha como princípio trabalhar a partir da escuta das/os estudantes. Isso era feito por meio das Assembleias de Sala, ocorridas semanalmente.

> Assim, o currículo ia se organizando conforme as pautas que os estudantes traziam. Naquela época, não era comum se falar em 'projetos de trabalho', porque esta ideia de *projeto* não estava disseminada. A gente trabalhava temas de interesse, temas de referência, temas geradores (EVARISTO, 2020, p. 74, grifos da autora).

Outro princípio adotado pela escola, sobre o qual Evaristo (2022) fala no vídeo *Educação e Ativismo,* refere-se justamente à não reprovação e ao acompanhamento das/os estudantes até que estivessem alfabetizadas/os:

> Essa escola... a gente tinha um grupo de professores, rebeldes, né, que as pessoas falavam "escolas desobedientes", porque a

> gente começou a desobedecer várias coisas, né. Por exemplo,
> nós resolvemos que a gente nunca mais reprovaria nenhum
> aluno. E a gente fez um pacto, os professores alfabetizadores
> dessa escola, que a gente ia pegar uma turma e ia acompanhar
> esses meninos até eles se alfabetizarem (EVARISTO, 2022,
> 2min08seg até 2min32seg.).

Fica evidente, portanto, nas colocações de Evaristo (2020, 2022), um processo de mudança na perspectiva pedagógica da escola do Aglomerado da Serra, que engendrou conhecimentos fundamentais à educação, aprendizagem e formação humana. Considerando isso, ao se assumir a epistemologia da educação escolar, deve-se assumir com ela alguns desdobramentos para a área educacional. O primeiro deles refere-se à ampliação de espaços para que essa epistemologia possa ganhar cada vez mais eloquência, especialmente quando se trata de refletir sobre os processos de ensino-aprendizagem e a formação humana por meio da educação básica.

O segundo desdobramento passa pelo entendimento de que, ainda que não se esteja na escola com um projeto de pesquisa que se vincule a ela, há de se reconhecer o seu processo de produção de conhecimento. Uma contribuição do contexto acadêmico nesse sentido seria, além de ampliar os espaços e as possibilidades para que essa produção apareça, como já dito, auxiliar a promover sua articulação.

O terceiro desdobramento se refere ao processo de formação de professoras/es, para o qual se identificam dois eixos concludentes. Um desses eixos aponta a necessidade de que essa formação seja pensada para que as/os profissionais em formação entendam-se em um estado permanente de investigação, nos termos definidos por Freire (1996, p. 29):

> No meu entender o que há de pesquisador no professor
> não é uma qualidade ou uma forma de ser ou de atuar que
> se acrescente à de ensinar. Faz parte da natureza da prática
> docente a indagação, a busca, a pesquisa. O de que se precisa
> é que, em sua formação permanente, o professor se perceba
> e se assuma, porque professor, como pesquisador.

O outro eixo é que o/a professor/a em formação possa ser estimulado a estar na escola desde o percurso inicial da graduação.

Na atualidade, algumas propostas formativas com essa dimensão estão ocorrendo, como as do Programa Institucional de Bolsas de Iniciação à Docência (PIBID), que coloca os/as futuros/as docentes na escola desde o início de sua formação no ensino superior, sob supervisão simultânea dos/as docentes da universidade e da educação básica, e os programas de residência pedagógica, como aquele que tem sido ofertado pelo Colégio Pedro II do Rio de Janeiro. Desse modo, pode ser que se trilhe um novo caminho na formação inicial de professores/as, que "tem sobre si o grande desafio de propiciar a iniciação à docência de seus estudantes, considerando o contexto real e não ideal da escola atual" (CRUZ; MACIEL, 2014, p. 81).

Um quarto desdobramento diante da assunção de uma epistemologia da educação escolar toca as redes de ensino. É importante que estas redes atentem para suas escolas e busquem perceber os movimentos de conhecimento que nelas existem, permitindo sua autonomia, sobretudo a autonomia de seus/suas professores/as. Os alunos e as alunas não cabem em uma única forma. Portanto, se queremos alcançar os objetivos em relação aos processos de ensino e aprendizagem com elas e com eles, como rede, faz-se necessário caminhar junto da escola, colocando-se ao lado dela na produção de conhecimento e na elaboração de propostas para estes processos.

Diante do que foi discutido neste trabalho, é possível considerar, finalmente, que a epistemologia da educação escolar vai continuar anunciando-se, expandindo-se, transformando-se e recriando-se entre os/as docentes e seus pares, no contexto em que se encontram, dando sentido a uma construção de conhecimento que se volta à necessidade de ensinar os/as alunos/as na escola e busca fazer com que eles/as se desenvolvam e se formem para serem participantes efetivos no planejamento da vida em sociedade. Assumi-la pode levar-nos à retomada ou à construção de caminhos mais profícuos à educação.

Uma epistemologia não é apenas uma proposta de leitura de mundo que se coloca, mas uma possibilidade de produção de conhecimento que se anuncia e que não é exclusividade da academia realizar. A ciência, que é ciência no mundo, é também ciência da escola, de suas/seus professoras/es, alunas e alunos.

# PALAVRAS FINAIS

Esta obra, desde as primeiras linhas de sua argumentação até que se chegasse às suas Palavras Finais, foi tecida para que se tornasse possível anunciar uma epistemologia da educação escolar. No âmbito desta epistemologia, a produção de conhecimentos a respeito dos processos de ensino e aprendizagem vem se realizando e refletindo na área educacional como um todo.

O caminho trilhado para essa anunciação partiu da problematização do conhecimento, em que se buscou sustentar que, para além do dogma científico, ela se entrelaça com sujeitos e contextos, gerando outros contextos e novas explicações sobre os sujeitos.

Essa perspectiva permite visualizar que não é seguindo a idealidade preconizada pelo discurso da ciência que o conhecimento se produz. Diante disso, outras possibilidades de se encarar a produção de conhecimento mostram-se, permitindo que sejam notadas nas situações que se relacionam à experiência da vida.

Uma explicação não é gerada sem que seja ela mesma parte do sujeito que a explica. Sujeito este que não é um ser isolado, pois compõe uma rede mediante a qual tais explicações se engendram de modo coerente, permitindo tomá-la e encará-la como uma verdade.

Nesse quadro, destacou-se uma postura que vai se forjando no caminho de encontro com o outro, por meio de um feixe de agenciamentos, entendida como atitude etnográfica. Tal atitude e esses encontros levam ao reconhecimento do outro como parte da produção do conhecimento anunciado, no âmbito do qual ele é tomado como "legítimo outro", conforme sustenta Maturana (2002).

A atitude etnográfica, nessa acepção, se insere como princípio no trabalho daqueles/as que operam com ela. Atitude fundamental no cenário em que se reconhece a pluralidade de sujeitos, ela vai ao encontro da necessidade de que assim sejam considerados. Com isso, combina a diversidade com a universalidade que dá sentido à "unidade psíquica da humanidade" (PEIRANO, 2014, p. 382) e possibilita a aproximação da dimensão da vida que se desenvolve em um mundo comum a todos (BRANQUINHO *et al.*, 2016).

A anunciação da epistemologia da educação escolar neste livro deu-se, portanto, reconhecendo tanto a produção de conhecimento com sujeitos e contextos quanto a atitude etnográfica como postura com que se considera o outro como alguém que faz parte desta produção. Esta epistemologia, mais que um saber sedimentado na prática do/a professor/a, diz respeito a uma produção que, assim como aquelas que se realizam em diferentes áreas de conhecimento, busca respostas às perguntas que emanam do contexto no qual se situa e da interação com os sujeitos que a ele pertencem.

Com essa colocação, defendeu-se, neste trabalho, que não há diferença substantiva entre a produção de conhecimento originária de uma epistemologia da educação escolar e aquela que se realiza no âmbito acadêmico-científico. A distinção entre elas é dada pela forma como essa última é apresentada e validada no universo acadêmico. Considerando isso, cabe uma pequena observação, a título de ênfase:

Se o espaço acadêmico for tomado como instituição exclusiva de trabalho e lugar de vivência intelectual, a produção de conhecimento vai estar predominantemente atrelada a ela, de modo a responder as perguntas que se fazem nela. Para a área da educação que se debruça sobre o ensino e a aprendizagem, essa situação precisa de atenção, pois, ainda que a produção se dê no contexto da academia, a intenção é que ela possa contribuir com os processos educacionais da escola básica. Nesse sentido, torna-se imperativo que as pesquisas universitárias que tenham como escopo os processos de ensino-aprendizagem estejam em constante interação com a escola, de modo a produzir conhecimento com ela. E estar *com a escola* demanda tempo — um tempo muito maior do que visitas esporádicas —, postura — o desenvolvimento da atitude etnográfica pode auxiliar nisso —, reconhecimento mútuo até que se estabeleçam os vínculos em que todos/as se tornem parte da produção de saberes que emergirá. Demanda também, como Branquinho *et al.* (2016) ponderam, que se vá mais devagar, "um mais devagar teórico", com menos hipóteses e menos certezas, seguindo os atores naquilo que "fazem-fazer" sem determinar, *aprioristicamente*, como as coisas devem ser.

Para aquelas/es que compartilham das mesmas perguntas que são fundamentais à escola, assim como as/os que têm percebido a importância dos conhecimentos que nela têm sido gestados, aponta-se a relevância de se estar *com ela*. Mas, mais do que isso, é importante que auxiliem no fomento de espaços que ampliem a eloquência de sua produção de conhecimento, de modo que esta se espraie pela área educacional com a força de mudança que tem apresentado em benefício das/os estudantes, sem que haja o imperativo de estar vinculada a alguma instituição acadêmica.

PARA UMA EPISTEMOLOGIA DA EDUCAÇÃO ESCOLAR: CAMINHOS DE UMA ATITUDE ETNOGRÁFICA

A escola, nas atuais circunstâncias sociais, tem se configurado como um dos poucos equipamentos públicos que recebe amplamente as pessoas que, como foi discutido ao longo deste trabalho, são diferentes umas das outras, as quais possuem seus próprios jeitos de ser e de estar no mundo, o que demanda uma produção de conhecimento permanente para que se possa construir percursos que as encaminhe em suas aprendizagens e, ao mesmo tempo, fomente uma formação que se volte para um mundo que é comum. Estes são fatores que contribuem para se afirmar a importância de que os estudos que se voltam para o ensino e a aprendizagem estejam com a escola e que abram espaço para que sua produção apareça.

Neste estudo, alguns pontos para reflexão e aprofundamento foram se abrindo. Dois deles merecem menção nestas palavras finais. O primeiro diz respeito à ética na produção de conhecimento, e o segundo versa sobre o papel da/o aluna/o no cerne da epistemologia da educação escolar.

Sobre a ética, destaca-se que, apesar de a produção de conhecimento fazer-se na tessitura de sujeitos e contextos, esta produção nem sempre se direcionou ao bem comum, daí a relevância de que os princípios éticos sejam tomados como fundamentais e sejam integrados às práticas de formação humana nos mais diferentes espaços em que ela se dê.

Embora seja necessário levar em conta que toda ética é universal[63] para a sociedade que a institui, definindo para si o que considera ser o bem e a virtude, em contrapartida ao que julga como violência, crime e o mal; deve-se reconhecer também que ela se transforma para atender a novas exigências da sociedade e da cultura (CHAUÍ, 2000, p. 436).

Um longo caminho foi percorrido para que se possa hoje, minimamente, como sociedade e como cultura, considerar alguns princípios éticos fundamentais. Entre estes e para as discussões que tocaram este trabalho, ressalta-se um, o qual se refere à consciência de si e dos outros, isto é, à capacidade de realizar uma reflexão que reconheça a existência dos outros que, do ponto de vista ético, são iguais a mim (CHAUÍ, 2000, p. 434).

Em relação à/ao aluna/o no âmbito da epistemologia da educação escolar, é importante que se entenda que ela/e é também agente na construção dessa epistemologia. Os conhecimentos que se produzem na escola contam com elas/es, e, embora se tenha feito esse apontamento no âmbito das discussões desta obra, sobretudo no capítulo que trata da atitude etno-

---

[63] "Universal no sentido de que seus valores são obrigatórios para todos os indivíduos" (CHAUÍ, 2000, p. 436).

gráfica, considera-se fundamental que essa dimensão seja enfatizada e possa ser aprofundada em momento oportuno.

Estudos realizados com escolas de nível fundamental e médio vêm mostrando o papel da/o aluna/o na produção de conhecimento, destacando e descrevendo o lugar que ocupam nesse processo (ALVES; MATTOS, 2016; BORGES, 2021).

As questões suscitadas por este livro e as reflexões que o atravessam são de muitas ordens, todavia, interessa, nestas últimas linhas, sublinhar, uma vez mais, a relevância de que tanto as redes de ensino espalhadas pelo país quanto as universidades se abram para a epistemologia da educação escolar. Os bons frutos disso podem ser inúmeros, especialmente para as alunas e os alunos que ainda precisam ter seu direito à educação plenamente garantido, sobretudo seu direito de aprender na escola.

# REFERÊNCIAS

ALMEIDA, R. de; CRUZ, G. da. Didática nos anos iniciais do ensino fundamental: um estudo sobre a docência de 11 professoras. *Comunicações,* Piracicaba, v. 27, n. 1, p. 153-168, jan./abr. 2020.

ALMEIDA, S. *Educação de mulheres e jovens privadas de liberdade:* vulnerabilidade socioeducacional e contingências da privação. Jundiaí: Paco Editorial, 2016.

ALVES, W.; MATTOS, C. L. Saberes sobre a escola: a voz do aluno e a produção de conhecimento na pesquisa em educação. *In:* MATTOS, C. L.; BORGES, L. P.; CASTRO, P. (org.). *Didática e avaliação:* educação, cidadania e exclusão na contemporaneidade. Campina Grande: Realize Editora, 2016. p. 58-72.

ANDRADE, M. *Mário de Andrade escreve cartas a Alceu, Meyer e outros.* FERNANDES, Lygia (org.). Rio de Janeiro: Editora do autor, 1968.

ANDRADE, M. *O Turista Aprendiz.* Estabelecimento do texto, introdução e notas de Telê Porto Ancona Lopez. São Paulo: Duas Cidades/Secretaria de Cultura, Esportes e Tecnologia, 1976.

ANDRADE, M. Crônica. *Diário Nacional*, São Paulo, 15 fev. 1929.

ANDRÉ, M. E. *Etnografia da prática escolar.* 5. ed. São Paulo: Papirus, 1995.

ANDRÉ, M. E. Pesquisa, formação e prática docente. *In:* ANDRÉ, M. E. D. A. (org.). *O papel da pesquisa na formação e na prática dos professores.* 4. ed. São Paulo: Papirus, 2005. p. 55-67.

ARAÚJO, M. E. Lugar é laço: o saber profundo nas comunidades goianas de Cibele e Caiçara. 2015. 239f. Tese (Doutorado em Educação) – Faculdade de Educação, Universidade Federal de Goiás, Goiás, 2015.

AUSUBEL, D. P. *Psicología educativa: um punto de vista cognoscitivo.* México: Editorial Trillas, 1976.

AZEVEDO, M. *Informação e segurança pública*: A construção do conhecimento social em um ambiente comunitário. 2006. 249f. Tese (Doutorado em Ciência da Informação) – Escola de Ciência da Informação, Universidade Federal de Minas Gerais, Minas Gerais, 2006.

BECKER, H. *Métodos de pesquisa em ciências sociais.* São Paulo: Hucitec, 1999.

BETICELLI, I. A. *A origem normativa da prática educacional na linguagem.* Ijuí: Editora Unijuí, 2004.

BHABHA, H. *O local da cultura.* Belo Horizonte: Editora UFMG, 1998.

BOLLE, W. *Guimarães Rosa:* retrato da alma do Brasil. Entrevista concedida à revista Pesquisa FAPESP. São Paulo, out. 2001. Disponível em: http://revistapesquisa. fapesp.br/ 2001/10/01/guimaraes-rosa-2/. Acesso em: 9 ago. 2016.

BORGES, C. Saberes docentes: diferentes tipologias e classificações de um campo de pesquisa. *Educ. Soc.,* Campinas, v. 22, n. 74, p. 59-76, 2001. Disponível em: https://www.scielo.br/j/es/a/R57SFxGg3qSvGBh6CsCvv4F/?lang=pt. Acesso em: 7 set. 2023.

BORGES, L. P. *O futuro da escola:* (re)imaginando uma etnografia sobre a relação dos jovens estudantes com o conhecimento escolar. Curitiba: Appris, 2021.

BOSI, A. *História concisa da literatura brasileira.* São Paulo: Cultrix, 1970.

BOUMARD, P. O lugar da etnografia nas epistemologias construtivistas. *PSI Revista de Psicologia Social e Institucional Londrina,* v. 1, n. 2, s/p, nov. 1999

BOURDIEU, P. *El sentido práctico.* Madrid: Taurus Humanidades, 1991.

BOURDIEU, P. *O poder simbólico.* Rio de Janeiro: Bertrand Brasil, 2002.

BOURDIEU, P.; CHAMPAGNE, P. Os excluídos do interior. *In:* BOURDIEU, P. *Escritos de educação.* 3. ed. Petrópolis: Vozes, 2001. p. 481-486

BRANQUINHO, F. *et al.* Etnografia de objetos e a (des)hierarquização dos saberes: um caminho para a prática docente. *Revista Diálogos:* construção conceitual de extensão e outras reflexões significativas, Brasília, v. 14, n. 1, p. 42-52, dez. 2010.

BRANQUINHO, F. *et al.* Fazendo pesquisas sobre ceramistas fluminenses e pensando a educação para a democracia do ponto de vista de teoria ator-rede. VII SEMINÁRIO INTERNACIONAL – As Redes Educativas e as Tecnologias: transformações e subversões na atualidade, Rio de Janeiro, 2013. *Anais* [...]. Rio de Janeiro, 2013.

BRANQUINHO, F. *et al.* Água de moinho: práticas transformadoras em arte e pesquisa, modos de estar com o outro em trocas intensas, de ser fluxo. *Revista APOTHEKE,* Santa Catarina, v. 2, n. 2, p. 246-267, fev. 2016.

BRANQUINHO, F.; LACERDA, F. A contribuição da teoria ator-rede para as pesquisas em educação. *Reflexão e Ação,* v. 25, n. 3, p. 49-67, 9 set. 2017.

BRASIL. Lei n.º 9.394, de 20 de dezembro de 1996, Estabelece as Diretrizes e Bases da Educação Nacional. *Diário Oficial da União*, Brasília, ano CXXXIV, n. 248, 23 dez. 1996.

BUENO, J. G. Processos de inclusão/exclusão escolar, desigualdades sociais e deficiência. *In:* BUENO, J. G. *Seminário de pesquisa em educação especial*: mapeando produções. Vitória: PPGE, 2005. p. 59-85.

BULCÃO, M. Razão e verdade: Gonseth e Bachelard diante da ciência. *In:* HÜHNE, L. *Filosofia e Ciência*. Rio de Janeiro: Uapê, SEAF, 2008. p. 143-166.

BURKE, P. *Uma história social do conhecimento*: de Gutemberg a Diderot. Rio de Janeiro: Zahar, 2003.

BURKE, P. *O Renascimento Italiano*: cultura e sociedade na Itália. São Paulo: Nova Alexandria, 2010.

CAIAFA, J. *Aventura das cidades*: ensaios e etnografias. Rio de Janeiro: Editora FGV, 2007.

CALLON, M. Éléments pour une sociologie de la traduction: la domestication des coquilles Saint-Jacques et des marins-pêcheurs dans la baie de Saint-Brieuc. *L'Année sociologique*, JSTOR, n. 36, p. 189-206, 1986.

CAMPOS, L. Mário de Andrade e a "viagem etnográfica" de 1928/29. ENCONTRO ANNUAL DA ANPOCS SPG14 PENSAMENTO SOCIAL E ANÁLISE DA CULTURA, 38., p. 1-29, 2014. *Anais* [...]. São Paulo 2014.

CARMO, E. M. *Saberes mobilizados por professores de biologia e a produção do conhecimento escolar*. 2013. 184f. Tese (Doutorado em Educação) – Faculdade de Educação, Universidade Federal Fluminense, Niterói, 2013.

CARVALHO, M. Dorival Caymmi e Jackson do Pandeiro: Quem vai de samba ou coco, Tudo termina em roda. Graphos. *Revista da Pós-Graduação em Letras* – UFPB, João Pessoa, v. 7, n. 2/1, p. 87-92, 2005.

CARVALHO, A. D. F.;THERRIEN, J. O professor no trabalho: epistemologia da prática e ação/cognição situada – elementos para a análise da práxis pedagógica. *Revista Brasileira de Formação de Professores*, Belo Horizonte v. 1, n. 1, p. 129-147, 2009.

CASTRO, P. *Controlar para quê? Uma análise etnográfica da interação entre professor e aluno na sala de aula*. 2006. Dissertação (Mestrado em Educação) – Faculdade de Educação, Universidade do Estado do Rio de Janeiro, Rio de Janeiro, 2006.

CASTRO, P. *Torna-se aluno – identidade e pertencimento:* perspectivas etnográficas. Campina Grande: Eduepb, 2015.

CAVALCANTI, I; HARAN, J. Of deaph (and birth) of universes: gender and Science in Pamela Zoline's "The heat death of the universe". *Revista Graphos,* v. 14, n 2, p. 174-187, 2012.

CHAUÍ. M. *Convite à filosofia.* São Paulo: Ática, 2000.

CLIFFORD, J. *A experiência etnográfica: antropologia e literatura no século XX.* 4. ed. Rio de Janeiro: Editora UFRJ, 2014.

CORTELLA, M. S. Nosotros. Coluna Outras ideias. *Folha de São Paulo,* São Paulo, 9 out. 2003.

CRUZ, G. A prática docente no contexto de sala de aula frente às reformas curriculares. *Revista Educar,* Curitiba n. 29, p. 191-205, 2007.

CRUZ, G.; MACIEL, J. A didática de professores referenciais e suas contribuições para a formação docente. *Est. Aval. Educ.,* São Paulo, v. 25, n. 57, p. 56-82, jan./abr. 2014.

CUNHA, C. *Educação e autoritarismo no Estado Novo.* São Paulo: Cortez, 1981.

DALMOLIN, B.; VASCONCELOS, M. Etnografia de sujeitos em sofrimento psíquico. *Revista de Saúde Pública,* São Paulo v. 1, n. 42, p. 49-54, 2008.

DA MATTA, R. *Relativisando:* uma introdução à antropologia social. Rio de Janeiro: Rocco, 1987.

DAUSTER, T. Um diálogo sobre as relações entre etnografia, cultura e educação – representações e práticas. *Linhas Críticas,* Brasília, v. 21, n. 44, p. 39-56, jan./abr. 2015.

DESCARTES, R. *O discurso do método* [1637]. 2011. Disponível em: http://www.fae. edu/pdf/ biblioteca/O%20Discurso%20do%20metodo.pdf. Acesso em: 4 nov. 2011.

DOREN, C. *Uma breve história do conhecimento*: os principais eventos, pessoas e conquistas da história mundial. Rio de Janeiro: Casa da Palavra, 2012.

DUBET, F. A escola e a exclusão. *Cadernos de Pesquisa,* São Paulo, n. 119, p. 29-45, jul. 2003.

ELLIOTT, J. *El cambio educativo desde la investigación-acción.* Madri: Morata, 1993.

ELLIOTT, J. Recolocando a pesquisa-ação em seu lugar original e próprio. *In:* GERALDI, C.; FIORENTINI, D.; PEREIRA, E. (org.). *Cartografias do trabalho docente.* São Paulo: Mercado das Letras, 1998. p. 137-152.

EINSTEIN, A. Remarks on Bertrand Russell's Theory of Knowledge. *In:* SCHILPP, A (ed.). *The Philosophy of Bertrand Russell.* Illinois: Evanston, 1944. p. 278-292.

EINSTEIN, A. *Ideas and opinions.* Nova York: Random House, 1954.

EVARISTO, M. A afirmação de meus lugares plurais – mulher, negra, mãe, professora, militante e intelectual. *In:* SILVA, J.; SILVA, E. (org.). *Macaé Evaristo*: uma força negra na cena pública. Rio de Janeiro: Eduniperiferias, 2020. p. 62-88.

EVARISTO, M. Educação e Ativismo. Ensaios sobra a educação. 19 jan. 2022. Disponível em: https://www.youtube.com/watch?v=pMmmaaEGRjw. Acesso em: 7 set. 2023.

FAGUNDES, T. A. "... e uma alternativa para a exclusão escolar, tem?". *RBPG. Revista Brasileira de Pós-Graduação*, Brasília, v. 8, p. 181-202, 2011.

FAGUNDES, T. A Os conceitos de professor pesquisador e professor reflexivo: perspectivas do trabalho docente. *Revista Brasileira de Educação*, v. 21, n. 65, abr./jun. p. 281-298, 2016.

FELIPPE, A. M. As ciências humanas e a questão da cientificidade. *In:* HÜHNE, L. M. *Filosofia e Ciência*, Rio de Janeiro: Uapê: SEAF, 2008. p. 167-180.

FERNANDEZ, C. Revisitando a base de conhecimentos e o conhecimento pedagógico do conteúdo (pck) de professores de ciências. *Ens. Pesqui. Educ. Ciênc.*, Belo Horizonte, v. 17, n. 2, p. 500-528, ago. 2015.

FERREIRO, E.; TEBEROSKY, A. *Psicogênese da língua escrita.* Porto Alegre: Artes Médicas, 1999.

FIORENTINI, D.; SOUZA JR., Arlindo; MELO, G.. Saberes docentes: um desafio para acadêmicos e práticos. *In:* GERALDI, C.; FIORENTINI, D.; PEREIRA, E. (org.). *Cartografias do trabalho docente.* São Paulo: Mercado das Letras, 1998. p. 307-335.

FLICK, U. *Qualidade na pesquisa qualitativa.* São Paulo: Artmed, 2009.

FONTANARI, J. A Propósito das inserções da psicanálise na filosofia. Ou sobre as origens filosóficas das ideias psicanalíticas. Parte I – Dos Gregos à Filosofia Medieval. *Contemporânea - Psicanálise e Transdisciplinaridade*, Porto Alegre, n. 3, Porto Alegre, jul./ago./set. 2007.

FREIRE, P. *Educação como prática da liberd*ade. São Paulo: Paz e Terra, 1967.

FREIRE, P. *Pedagogia da Autonomia:* Saberes necessários à prática educativa. São Paulo: Paz e Terra, 1996.

GARIN, E. *Ciência e vida civil no renascimento italiano.* São Paulo: Editora da Universidade Estadual Paulista, 1996.

GARCIA, E. M. Filosofia e ciência: Interação, confronto e diálogo. *In:* HÜHNE, L. M. *Filosofia e Ciência.* Rio de Janeiro: Uapê: SEAF, 2008. p. 11-26.

GASTALDO, E. *Etnografia no contexto da circulação: métodos etnográficos e pesquisa em comunicação.* Palestra proferida na UNISINOS. 2013. Disponível em: https://www.processocom.org/2013/08/30/3953/ Acesso em: 9 ago. 2016.

GEERTZ, C. *A interpretação das culturas.* Rio de Janeiro: LTC, 1989.

GERALDI, C.; FIORENTINI, D.; PEREIRA, E. (org.). *Cartografias do trabalho docente*. São Paulo: Mercado das Letras, 1998.

GIMÉNEZ, M. de C.; NISTAL, M. T. As mudanças da Antiguidade ao Renascimento. *In:* MORENO, M. *et al. Conhecimento e mudança*: os modelos organizadores na construção do conhecimento. São Paulo: Moderna, 1999. p. 73-102.

GINZBURG, C. *Mitos, emblemas, sinais.* São Paulo: Companhia das Letras, 1989.

GONSETH, F. *La metéphysique et l'ouverture à l'expérience (échange de textes faisant súite à des entretiens du Centre romain de comparaison et de synthèse).* Paris: PUF, 1960/ Lausanne: L'Age d'Homme, 1973.

GONSETH, F. *Le référentiel, univers obligé de médiatisation.* Lausanne: L'Age d'Homme, 1975.

HALPERN, E.; LEITE, L. O compromisso duplo de um ambulatório naval especializado em dependência química: com os pacientes e com a instituição. *Ciência & Saúde Coletiva,* Rio de Janeiro v. 21, n. 1, p. 7-16. jan. 2016.

HAMILTON, S. The social side on schooling: Ecological studies of classrooms and schools. *The Elementary School Journal*, v. 4, n. 83, p. 313-34, 1983.

HERNÁNDEZ, F.; VENTURA, M. *A organização do currículo por projetos de trabalho*: *o conhecimento é um caleidoscópio.* 5. ed. Porto Alegre: Artmed, 2009.

ISAACSON, W. *Einstein: sua vida, seu universo.* São Paulo: Companhia das Letras, 2014.

JODELET, D. Os processos psicossociais da exclusão. *In:* SAWAIA, B. (org.). *As artimanhas da exclusão*: análise psicossocial e ética da desigualdade social. Petrópolis: Vozes, 2008.

JORGE, M. M. *Estudos Críticos e Recensões* – Eric Emery – Ferdinand Gonseth, Pour une philosophie dialectique ouverte a l'experiense. Lausanne: L'Age d'Homme, 1985.

JORGE, M. M. O que Ferdinand Gonseth tem de importante a dizer à epistemologia contemporânea. *Revista da Faculdade de Letras*, série II, v. 7, p. 307-338, 1990.

KANT, I. *Crítica da razão pura*. 5. ed. Lisboa: Fundação Calouste Gulbenkian, 2001.

KLINGER, D. *Escritas de si, escritas do outro. O retorno do autor e a virada etnográfica*. Rio de Janeiro: 7 Letras, 2007.

KOYRÉ, A. *Estudos Galilaicos*. Lisboa: Publicações Dom Quixote, 1992.

LANEVE, C. *Per una teoria dela didática*. Brescia: La Scuola, 1993.

LATOUR, B. *Jamais fomos modernos*: ensaio de antropologia simétrica. Rio de Janeiro: Ed. 34, 1994.

LEITE, M. *Promessas do genoma*. São Paulo: Editora UNESP, 2007.

LISBOA, M. *Os loucos de rua e as redes de saúde mental*: os desafios do cuidado no território e a armadilha da institucionalização. 2013. 292f. Tese (Psicologia Social) – Pontifícia Universidade Católica de São Paulo, São Paulo, 2013.

MALINOWSKI, B. *Os Argonautas do Pacífico Ocidental*. São Paulo: Abril, 1976. (Coleção Os Pensadores)

MALINOWSKI, B. *Argonauts of the Western Pacific* – An account of native enterprise and adventure in the archipelagoes of Melanesian New Guinea. London: Peguin, 1922.

MARINHO, V. Emboladas da Paraíba: buscando uma caracterização dessa manifestação cultural. *ANPPOM* – Décimo Quinto Congresso, p. 1040-1048, 2005. *Anais* [...]. 2005.

MARIOTTI, H. Prefácio. *In:* MATURANA, H.; VARELA, F. *A árvore do conhecimento*: as bases biológicas da compreensão humana. São Paulo: Palas Athena, 2011.

MARTIN, D. Formation professionnelle en éducation et savoirs enseignants: Analyse et bilan des écrits anglo-saxons. I COLLOQUE DE L'AQUFOM, Université du Québec, Trois-Rivières, nov. 1992. *Anais* [...]. Québec, 1992.

MARTINS, J. *Exclusão Social e a nova desigualdade*. São Paulo: Paulus, 1997.

MATTOS, C. L. Etnografia crítica de sala de aula: o professor pesquisador e o pesquisador professor em colaboração. *CEDES*, Campinas, ano XVI, n. 51, p. 299-311, 1995.

MATTOS, C. L. A abordagem etnográfica na investigação científica. *Espaço*, Rio de Janeiro, v. 1, p. 42-59, 2001.

MATTOS, C. L. O conselho de classe e a construção do fracasso escolar. *Educação e Pesquisa*, v. 31, p. 215-228, 2005.

MATTOS, C. L. Estudos etnográficos da educação: uma revisão de tendências no Brasil. *In:* CLARETO, S. M. (org.) Pesquisa Qualitativa: atualidades e perspectivas. *Educação em Foco*, Juiz de Fora, v. 11, n.1, p. 169-187, mai./ago. 2006.

MATTOS, C. L. O espaço da exclusão: o limite do corpo na sala de aula. *In:* MAT-TOS, C. L.; CASTRO, P. (org.). *Etnografia e Educação*: conceitos e usos. Campina Grande: EDUEPB, 2011. p. 109-122.

MATURANA, H. *Ciência e vida cotidiana*. Belo Horizonte: Editora UFMG, 2001.

MATURANA, H. *Emoções e linguagem na educação e na política*. Belo Horizonte: Editora UFMG, 2002.

MEFFRE, L. Carl Einstein e a revista Documents. *Arte & Ensaios*, n. 30, p. 105-117, dez. 2015.

MINAYO, M. C. Hermenêutica-dialética como caminho do pensamento social. *In:* MINAYO, M. C.; DESLANDES, S. (org.). *Caminhos do pensamento:* epistemologia e método. Rio de Janeiro: Fiocruz, 2002.

MONTEIRO, A. M. Professores: entre saberes e práticas. *Educação & Sociedade*, ano XXII, n. 74, p. 121-142, abr. 2001.

MONTEIRO, S. Epistemologia da prática: o professor reflexivo e a pesquisa colaborativa. *In:* PIMENTA, S. G; GHEDIN, E. (org.). *Professor reflexivo no Brasil:* gênese e crítica de um conceito. 6. ed. São Paulo: Cortez, 2010.

MORAES, M. D.; OLIVA, P. Etnografando o Sertão-Mundo de João Guimarães Rosa (Antropologia e literatura em Grande Sertão: veredas). *SILEL,* Uberlândia: EDUFU, v. 3, n. 13, p. 1-18, 2013.

MOREIRA, C. L. *A fisioterapia integrada a uma política pública em saúde:* o estudo da funcionalidade de pacientes do Centro de Referência em Osteogênese Imperfeita do Rio de Janeiro-RJ, Brasil. 2012. Tese (Doutorado em Saúde da Criança e da Mulher) – Departamento de Ensino, Fundação Oswaldo Cruz, Rio de Janeiro, 2012.

MOREIRA, M. A. A epistemologia de Maturana. *Ciência & Educação*, v. 10, n. 3, p. 597-606, 2004.

MORIN, E. *Educar na era planetária*: o pensamento complexo como método de aprendizagem pelo erro e incerteza humana. São Paulo: Cortez, 2003.

MORIN, E. *Ciência com consciência.* 13. ed. Rio de Janeiro: Bertrand Brasil, 2010.

NETO, J. H. Epistemologia da prática: fundamentos teóricos e epistemológicos orientadores da formação de professores que atuam na educação básica. *Revista Educação e Cultura Contemporânea*, v. 10, n. 21, p. 48-69, 2012.

NOGUEIRA, M. A. *Almanaque:* toda oficina da vida. Recife: Fundação de Cultura da Cidade do Recife, 2008.

NUNES, C. M. Saberes docentes e formação de professores: um breve panorama da pesquisa brasileira. *Educ. Soc.*, Campinas, v. 22, n. 74, p. 27-42, 2001.

OLIVEIRA, H. A Caverna de José Saramago: uma leitura urbanística. *Graphos*, João Pessoa, v. 7, n. 2, 2005.

OLIVEIRA, A. Algumas pistas (e armadilhas) na utilização da etnografia na educação. n. 22, p. 163-183, dez. 2013.

PARAÍSO, M. Metodologias de pesquisas pós-críticas em educação e currículo: trajetórias, pressupostos, procedimentos e estratégias analíticas. *In:* MEYER, D.; PARAÍSO, M. (org.). 2. ed. Belo Horizonte: Mazza Edições, 2014.

PATTO, M. H. *A produção do fracasso escolar*: histórias de submissão e rebeldia. São Paulo: Casa do Psicólogo, 1999.

PEGORARO, O. Heidegger: Imaginação, ciência e arte. *In:* HÜHNE, Leda. *Filosofia e Ciência.* Rio de Janeiro: Uapê, SEAF, 2008. p.

PEIRANO, M. Etnografia não é método. *Horizontes Antropológicos*, Porto Alegre, ano 20, n. 42, p. 377-391, jul./dez. 2014

PENIN, S. A professora e a construção do conhecimento sobre o ensino. *Cadernos de Pesquisa*, n. 92, p. 5-15. fev. 1995.

PEQUENO, F. O informe battailliano e a produção artística de tunga. ENCONTRO NACIONAL DA ANPAP, 22., Belém-PA, 15 a 20 de outubro de 2013, p. 416-430. *Anais* [...]. Belém, 2013.

PEREIRA, E. M. A. Professor como pesquisador: o enfoque da pesquisa-ação na prática docente. *In:* GERALDI, C.; FIORENTINI, D.; PEREIRA, E. (org.). *Cartografias do trabalho docente.* São Paulo: Mercado das Letras, 1998. p. 153-182.

PIAGET, J. *O Nascimento da Inteligência na Criança.* 4. ed. Rio de Janeiro: Editora Guanabara, 1987.

PIMENTA, S. Formação de professores: identidade e saberes da docência. *In:* PIMENTA, S. (org.). *Saberes Pedagógicos e atividade docente.* São Paulo: Cortez, 1999.

PIMENTA, S. Para uma re-significação da didática, pedagogia e ciências da Educação. *In:* PIMENTA, S. (org.). *Pedagogia, ciência da educação?.* 4. ed. São Paulo: Cortez, 2006.

PIMENTA, S. Professor reflexivo: construindo uma crítica. *In:* PIMENTA, S.; GHEDIN, E. (org.). *Professor reflexivo no Brasil*: gênese e crítica de um conceito. 6. ed. São Paulo: Cortez, 2010.

PIMENTA, S. Epistemologia da prática: ressignificando a didática. *In:* FRANCO, M. A.; PIMENTA, S. (org.). *Didática:* embates contemporâneos. São Paulo: Edições Loyola, 2014.

PIMENTA, S.; GHEDIN, E. (org.). *Professor reflexivo no Brasil*: gênese e crítica de um conceito. 6. ed. São Paulo: Cortez, 2010.

PIMENTEL, A. A atitude etnográfica em sala de aula: descolonizando os processos de ensino. *REALIS*, v. 4. n. 2, p. 49-71, jul./dez. 2014.

PORTUGAL, E. Uma introdução ao estudo de Galileu e Descartes. *In:* HÜHNE, L. M. *Filosofia e Ciência.* Rio de Janeiro: Uapê, SEAF, 2008.

PRATT, M. L. *Os olhos do império*: relatos de viagem e transculturação. Bauru: Edusc, 1999.

RAUFFLET, E. Os gerentes e suas atividades cotidianas. *In:* DAVEL, E.; MELO, M. C. *Gerência em ação*: singularidades e dilemas do trabalho gerencial. Rio de Janeiro, Editora FGV, 2005. p. 67-82.

RIBEIRO, S. C. A pedagogia da repetência. *Estudos Avançados*, v. 5, n. 12, p. 7-21, maio/ago. 1991.

RONAN, C. *História ilustrada da ciência* – III: da renascença à revolução científica. Rio de Janeiro: Jorge Zahar Ed., 2001.

ROSA, J. G. *Grande Sertão: veredas*. Editora Nova Aguilar: 1994.

SACRISTÁN, J. G. *Poderes instáveis em Educação*. Porto Alegre: Artes Médicas, 1999.

SANTOS, B. Um discurso sobre as ciências na transição para uma ciência pós-moderna. *Estud. Av.,* São Paulo, v. 2, n. 2, p. 46-71, ago. 1988.

SANTOS, M.; RIBEIRO, B. O mundo misturado no caso de Maria Mutema. *Revista de Letras da Universidade Católica de Brasília*, v. 4, n. 1, p. 31-39, jul. 2011.

SARAMAGO, J. *A caverna*. São Paulo: Companhia das Letras, 2000.

SCHÖN, D. *The reflective practitioner*. Nova York: Basic Books, 1983.

SCHÖN, D. Formar professores como profissionais reflexivos. *In:* Nóvoa, A. (org.). *Os professores e a sua formação*. Lisboa: Dom Quixote, 1992. p. 79-91.

SCHÖN, D. *Educando o profissional reflexivo*: um novo design para o ensino e a aprendizagem. São Paulo: Artes Médicas, 2000.

SENNA, L. A *O currículo na Escola Básica*: caminhos para a formação da cidadania. Rio de Janeiro: Dunya, 1997.

SENNA, L. A. *Orientações para elaboração de projetos de pesquisa-ação em Educação*. Rio de Janeiro: Papel&Virtual, 2003.

SENNA, L. A. Categorias e sistemas metafóricos. Um estudo sobre a pesquisa etnográfica. *In:* CLARETO, S. M. (org.) Pesquisa Qualitativa: atualidades e perspectivas. *Educação em Foco,* Juiz de Fora, v. 11, n.1, p. 169-187, mai./ago. 2006.

SENNA, L. A. O problema epistemológico da educação formal: a educação inclusiva. *In:* SENNA, L. A. (org.). *Letramento*: princípios e processos. Curitiba: IBPEX, 2007. p. 149-169.

SENNA, L. A. Formação docente e educação inclusiva. *Cadernos de Pesquisa,* São Paulo: Fundação Carlos Chagas; Campinas: Autores Associados, v. 38, n. 133, p. 195-219, jan./ abr. 2008.

SENNA, L. A. O campo acadêmico do letramento e da alfabetização no Brasil: estados e perspectivas da pesquisa em linguística aplicada. *Revista Teias*, v. 15, n. 38, p. 57-74, 2014.

SHULMAN, L. Paradigms and researcher programs in the study of teaching: A contemporary perspective. *In:* WITTROCK, M.C. (org.). *Handbook of research on teaching.* 3. ed. Nova York: MacMillan, 1986, p. 3-36.

SHULMAN, L. Knowledge and teaching: Foundations of the new reform. *Harvard Educational Review,* v. 57, n. 1, p. 1-22. fev. 1987.

SILVA, H. *Travestis: entre o espelho e a rua.* Rio de Janeiro: Rocco, 2007.

SILVA, M. Saber docente: Contingências culturais, experenciais, psico-sociais e formação. 20ª ANPED, 1997 (disq.). *Anais* [...]. 1997.

SNOW, D.; ANDERSON, L. *Desafortunados:* um estudo sobre o povo de rua. Petrópolis: Vozes, 1992.

SOARES, L.; BATISTA, A.; PIMENTEL, R. *Elite da Tropa.* Rio de Janeiro: Objetiva, 2006.

SOARES, L. E. Entrevista com Luiz Eduardo Soares. [Entrevista concedida a Hélio R. S. Silva, em jan./jul.2015. *Iluminuras,* Porto Alegre, v. 16, n. 38, p. 315-345, 2015.

SOARES, E. C. *O professor de química e a epistemologia da prática pedagógica.* 2012. 196f. Tese (Doutorado em Educação) – Pontifícia Universidade Católica do Rio Grande do Sul, Porto Alegre, 2012.

SOCKETT, H. Further Comment: Has Shulman Got the Strategy Right?. *Harvard Educational Review,* v. 57, n. 2, p. 208-220, 1987.

SOUZA, J.; FRANÇA, A.M. Que avaliação na educação da infância. *Interacções,* n. 32, p. 40-53, 2014. Disponível em: http://www.eses.pt/interaccoes. Acesso em: 5 ago. 2015.

STENHOUSE, L. *An introduction to curriculum research and development.* Londres: Heinemann, 1975.

STOCKING, Jr.; GEORGE, W. The ethnographic sensibility of the 1920s and the dualism of the anthropological tradition. *In: Romantic Motives – Essays on anthropological sensibility.* The University of Wisconsin Press, 1989.

STOKES, P. *Os 100 pensadores essenciais da filosofia:* dos pré-socráticos aos novos cientistas. Rio de Janeiro: DIFEL, 2012.

TARDIF, M.; LESSARD, C.; LAHAYE, L. Os professores face ao saber: esboço de uma problemática do saber docente. *Teoria & Educação,* Porto Alegre: Pannônica, n. 4, p. 215-233, 1991.

TARDIF, M. Saberes profissionais dos professores e conhecimentos universitá-rios: elementos para uma epistemologia da prática profissional dos professores e suas consequências em relação à formação para o magistério. *Revista Brasileira de Educação*, n. 13, p. 5-24. jan./abr. 2000.

TARDIF, M. *Saberes docentes e formação de professores.* São Paulo: Vozes, 2002.

TARDIF, M. A profissionalização do ensino passados trinta anos: dois passos para a frente, três para trás. *Educ. Soc.*, v. 34, n. 123, p. 551-571, jun. 2013.

THEOPHILO, G. A revista de etnografia Documents e seu projeto documental realista (França, 1929-1930). *In:* RANGEL, M. *et al.* (org.). *Caderno de resumos e Anais do 6o Seminário Brasileiro de História e Historiografia – O giro-linguístico e a historiografia*: balanço e perspectivas. Ouro Preto: Edufop, 2012.

THERRIEN, J. Uma abordagem para o estudo do saber da experiência das práticas educativas. 18ª ANPED, 1995 (disq.). *Anais* [...]. 1995.

VASCONCELLOS, A. L. *Rastros em chão branco*: o sertão de João Guimarães Rosa entre percepções e memórias de travessias. 2015. Dissertação (Mestrado em Ciências Sociais) – Faculdade de Ciências e Letras, Universidade Estadual Paulista Júlio de Mesquita Filho, Araraquara, São Paulo, 2015.

WANDERLEY, M. B. Refletindo sobre a noção de exclusão. *In:* SAWAIA, B. (org.). *As artimanhas da exclusão:* análise psicossocial e ética da desigualdade social. Petró-polis: Vozes, 2008.

WEIL, P. *et al. Rumo à nova transdisciplinaridade:* sistemas abertos de conhecimento. São Paulo: Summus, 1993.

WILLMS, E. E. A fonoaudióloga da Te-Arte: experimentação vivencial pela brin-cadeira. Quipus. *Revista Científica das Escolas de Comunicação de Artes e Educação,* ano III, n. 2, p. 43-63, jun./nov. 2014.

ZAGO, N. A entrevista e seu processo de construção: reflexões com base na expe-riência prática de pesquisa. *In:* ZAGO, N.; CARVALHO, M. P; VILELA, R. A. (org.). *Itinerários de pesquisa.* Rio de Janeiro: DP&A, 2003. p. 287-309.